奈良県桜井市茶臼山古墳
鳥見山の北側山麓に突出した尾根の先端に立地し、丘尾切断による前方後円墳（全長207m）

古墳の立地

日本における古墳の立地は、築造された段階での被葬者の歴史的な性格や、墳墓をより孤高のものとする隔絶性などに由来して、丘陵尾根上とか、低地を見おろす台地の突端・縁辺などに築造される傾向が強い。

前期古墳の立地は総体的に自然地形をきわめてよく利用し、墳丘の大半を自然地形の削り出しによって形成し、盛土はわずかな量の場合がある。また労働力の集中化、いわば権力の掌握の度合にもよるが、5世紀以降の中期・後期古墳の立地には、平野部とか沖積低地にあって、墳丘のほとんどが盛土となる傾向がみられる。

構　成／大塚初重

奈良県広陵町巣山古墳
馬見丘陵の東側丘麓の西から東へのびる尾根を利用した前方後円墳（204m）

奈良県御所市宮山古墳
巨勢の丘陵が大和平野に向って北方にのびる一支脈の先端部に立地する前方後円墳（238m）

写真提供／橿原考古学研究所

千葉県千葉市大覚寺山古墳
突出する舌状台地の先端部に立地する千葉市最古の前方後円墳(62m)

茨城県石岡市舟塚山古墳
恋瀬川の河口近くの台地縁辺に立地する東国二位の規模をもつ前方後円墳(182m)

埼玉県行田市埼玉古墳

茨城県玉造町三昧塚

千葉県富津市稲荷山古墳
小糸川下流の低地帯に立地し、前方後円墳10基、方墳2基、円墳10基以上からなる内裏塚古墳群中の前方後円墳(120m)

千葉県富津市弁天山古墳（前方部復原整備後）
東京湾を望む標高10mの台地縁辺に立地する前方後円墳（86m）

高17〜18mの低台地上に前方後円墳8
円墳2基以上が分布する（中央下は
行山古墳、右は丸墓山古墳）

千葉県栄町岩屋古墳
印旛沼を見おろす標高約30mの台地上に立地する大方墳（一辺80m）

浦の汀線近くにあり、標高25mの
低地に立地する前方後円墳（85m）

写真提供／大塚初重

千葉県成田市舟塚古墳
印旛沼東岸の標高30mの台地上に立地する前方後
方墳で、二重周堀をもつ（80m）

観音山古墳の復原

1967、68年に調査した7世紀初めの群馬県高崎市観音山古墳の横穴式石室は、東壁が20トンもあった第2天井石の重みで崩壊していた。その後、建築・土木学的な測定と試験をくり返し、数年間の日時と6,000万円を費やして、石室・墳丘・二重周堀・中堤・埴輪列などの復原保存整備が近年完成した。墳丘表面と周堀底面には、厚さ40cmの土砂を入れ、原遺跡面を保護している。

構　成／梅沢重昭・桜場一寿
写真提供／群馬県教育委員会

玄室奥壁及び側壁の構築状態

石室天井石の配置と石室被覆の状態

玄室壁体部根石の構置状態

復原した玄室部奥壁

復原した天井石の構設状態

季刊 考古学 第3号

特集 古墳の謎を解剖する

●口絵（カラー） 古墳の立地
　　　　　　　　観音山古墳の復原
　　（モノクロ） 古墳築造の企画プラン
　　　　　　　　修羅の牽引実験
　　　　　　　　石室・石棺の製作
　　　　　　　　埴輪製作址　勝田市馬渡窯址

古墳の築造と技術――――――――――大塚初重 (14)

古墳築造の企画と設計
　墓地の選定と墳形の選択――――――――網干善教 (18)
　前方後円（方）墳の設計と尺度――――――宮川　徏 (22)

巨大古墳の築造技術
　誉田山・大山古墳の特徴と土木技術上の分析――堀田啓一 (28)
　構造工学からみた古墳の墳丘――――――相原俊弘 (32)
　封土の積み方と葺石の敷き方――――――泉森　皎 (36)
　埴輪の製作と配列の方法――――――――大塚初重 (39)

石棺の製作と石室の構築
　石材の供給と石棺製作技術――――――――間壁忠彦 (45)
　横穴式石室構築の技術――――――梅沢重昭・桜場一寿 (49)
　横穴墓構築の技術――――――――――――小林三郎 (54)
　巨石の切り出し技術――――――――――――奥田　尚 (57)
　石材運搬の技術――――――――――――北垣聰一郎 (59)
　建築学からみた横穴式石室――――――――矢野和之 (62)

古墳築造技術者と労役者集団 ───── 遠藤元男 (68)
古墳築造にかかわる祭祀・儀礼 ───── 白石太一郎 (73)

◆古墳築造の実態
　古墳築造に用いられた土木用具 ───── 堅田　直 (43)
　未完の古墳─益田岩船と石宝殿 ───── 猪熊兼勝 (66)
　古墳築造に動員された人の数と実態 ───── 川上敏朗 (71)

最近の発掘から
　古墳時代前期の大村落　鳥取県羽合町長瀬高浜遺跡 ───── 清水真一 (81)
　古墳時代の畑址　群馬県渋川市有馬遺跡 ───── 佐藤明人・友廣哲也・山口逸弘 (83)

連載講座　古墳時代史
　3.　5世紀の変革 ───── 石野博信 (85)

講座　考古学と周辺科学 Ⅲ
　情報工学 ───── 小沢一雅 (91)

書評 ──── (96)
論文展望 ──── (98)
文献解題 ──── (100)
学界動向 ──── (103)

表紙デザイン／目次構成／カット
／サンクリエイト・倉橋三郎

古墳築造の企画プラン

大山古墳(仁徳陵)築造企画の推定復原地割(1/8)の航空写真　8区型、1区19尋、1尋160cm
堺市福泉上小学校校庭　写真提供／NHK

1981年から82年にかけて「いずみの自然と歴史を学ぶ友の会」によって、学校の校庭に実際に古墳地割を行なう実験が進められた。実験でとり上げられたのは高石市大園古墳と堺市大山古墳で、大園古墳は約2時間の作業で実大の、また大山古墳は約5時間で1/8の地割図が描かれ、誤差はともに0.5％前後という正確さであった。

構成／宮川 徙

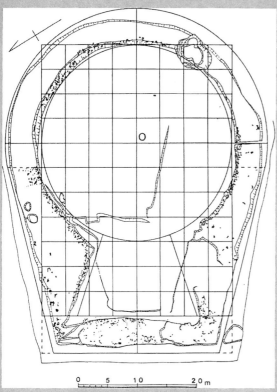

大園古墳築造企画の推定復原図
大阪府高石市西取石所在

大園古墳築造企画の推定復原地割(実大)の航空写真　3区型、1区2.5尋、1尋162cm　堺市西百舌鳥小学校校庭　写真提供／毎日新聞社

修羅の牽引実験

大勢の人の見守る中での修羅人力牽引実験 石材は14トンの生駒石を積載した。復原修羅の木材は徳之島のオキナワウラジロガシ2本を頭部ナットで固定する。ホゾ穴は坂道のブレーキの役目をすることがわかった。
写真撮影・提供／朝日新聞社

古代における巨石運搬具としては修羅があるが、近年大阪府藤井寺市の古古墳群の中から完形の遺物が発見された。1979年11月にこの発見修羅をもに修羅が復原され、藤井寺市大和川、石川合流地点で牽引実験が行なわれ
構 成／堀田啓一

木馬道での牽引実験 曳き綱12本、左方向転換の曳き綱1本、曳き手380人と左方向転換曳き手20人の合計400人、後方よりテコ棒4本で掛け声2回で2mも動く。地曳きとの差が証明された。
写真撮影・提供／朝日新聞社

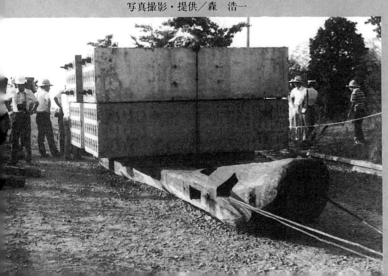

藤井寺市大和川、石川合流点での地面をじかに曳く牽引実験風景 曳き綱12本、曳き手300人、テコ棒4本を使用。15回の掛け声(約1分)で3.32m動いた
写真撮影・提供／朝日新聞社

61トンのコンクリート・ウェートを乗せ、機械力による牽引実験に耐える復原修羅 この実験で1人当り継続的に曳く場合30kgであることがわかった（同志社大学田辺校地にて）
写真撮影・提供／森 浩一

石室・石棺の製作

古墳の内部構造は、葬送観念の変化と入手可能な石材の違いにより、多様な形態や構造の石棺・石室をつくり出した。4世紀の三池平古墳は割竹型石棺を竪穴式石室でカバーしたもので、重厚な石棺のつくりと暗渠排水施設が立派である。6世紀の舟塚古墳の箱形石棺は特異な二重構造で、中央が埋葬用、それを囲む外棺は副葬品を納める施設で、その外側に粘土と板石の補強構造をもつ。

構成／大塚初重　写真提供／明治大学考古学研究室

清水市三池平古墳
7枚の天井石をのせた竪穴式石室

茨城県玉里村 舟塚古墳
蓋石をのせた二重の石棺と粘土施設

天井石をとり除いた石室

姿をみせた割竹型石棺（長さ1.85m）

二重構造の箱形石棺（長さ3.45m）

石棺と石棚状施設の副葬品の一部

茨城県馬渡埴輪窯址群A地点の全景

埴輪製作址
勝田市馬渡窯址

国史跡・馬渡埴輪製作址はA・B・C・Dの4地点に分かれ、合計19基の埴輪窯址と10数個の長方形工房址、多数の粘土採取場などが確認されている。A地点では半地下式の登り窯9基が並列し、窯場の近くには工人たちの住居址が存在する。また台地の平坦面には、良質の粘土を採取した大小不揃いの土坑がある。土坑内から土師器・埴輪片が出土し、工房址の床面には赤色顔料や粘土が山積みされていたり、鉄製刀子の発見が多い。

構　成／大塚初重
写真提供／明治大学考古学研究室

A地点発掘区の状況

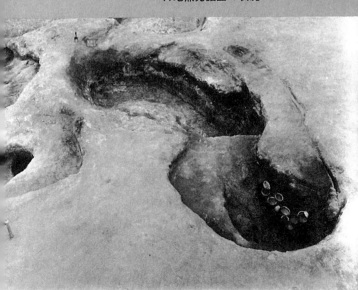

A地点粘土採取場

A地点第6号工房址（床面に原料粘土がある）

季刊 考古学

特集
古墳の謎を解剖する

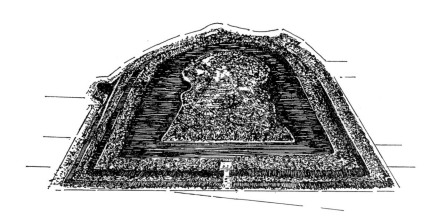

特集 ● 古墳の謎を解剖する

古墳の築造と技術

明治大学教授 大塚初重
（おおつか・はつしげ）

日本に 20 万基以上分布するとされる古墳は
その規模や質に差異があるとしても，集団の
手によって築造されたことは確実である

1 墓づくりとまつりごと

　日本全国に分布する古墳の数は，大小合わせて約 20 万基以上といわれている。最大の大山古墳（仁徳陵古墳）をはじめ，名もなき群集墳中の小古墳まで，規模や質に差異があるとしても，集団の手によって築造されたことは確実である。それは，たとえ一家族の構成員によったとしても，2, 3 人の労働によって古墳が築かれたとは考えがたく，最低数十名の人々の集いが必要であったと思う。ましてや巨大古墳として有名な誉田山古墳（応神陵古墳）や大山古墳のように墳丘長が 400m をはるかに凌駕する場合には，想像を絶するような大土木工事が展開されたものと考える。

　4 世紀以来，大王陵を初めとする大形古墳の築造は，各地の有力首長の政権の授受の証としても解釈されている。呪術的な性格の濃い数々の副葬品にとりかこまれて葬られた首長は，祭りと政ごとが一体であったいわゆる司祭者的な性格の所有者であった。首長の死によって，その地位を受けつぐ次の首長予定者は，伝統に従ってさまざまな祭祀を執行したと思われる。おそらく一連の葬送儀礼が終了した段階に，彼は新しく首長の座につき，神の承認を受けたのではなかろうか。先代の首長の霊をとむらうことの最大の仕事は墓づくりであった。つまり古墳築造の事業は，次代の首長として財力・技術力をはじめ，組織動員力など，彼の周辺の安定度と統率力が試される場であったともいえるであろう。墓づくりが，単なる土木技術の問題のみに終るものではなく，古墳の築造が次代の首長と社会にとって，きわめて政治的な色彩の濃いものであったと思われる。それゆえにこそ，古墳の築造それ自体が政治でもあり，まつりごととして重要な役割を担っていたと見なければならない。

2 古墳築造法の解明

　巨大な墳丘，巨石を用いた石室の構築をはじめ，広大な面積を占める周堀の掘削，埴輪・葺石の設営技術についての関心は，古代から存在した。例えば有名な日本書紀の箸墓築造に関する伝承などは，昼は人間が，夜は神が築いたとした巨大古墳の労働量の膨大さをうかがわせ，首長霊が神に昇華するという古墳時代の意識をも反映しているように思える。あるいは仁徳紀 67 年の条には，10 月 18 日に陵を築き始め，87 年に仁徳天皇を葬ったとあるから，一般的には築造期間を 21 年間と考えている。したがって生前から自分の葬られるべき墓所を用意したということで，寿陵とされている。しかし 21 という数が，中国古来からの寿数であって，実際の築造年数を正確に記したものかどうか疑わしいという考え方もある。誉田山古墳・大山古墳のいずれにしても，多量の埴輪と葺石が用意されたのだから，築造のための墓地の選定から，設計・施行・輸送のためのすべての段どりは，容易ならざるものがあったと思われる。

　これまでの古墳研究において，科学的に土木工学上の諸分析を通して，古墳築造法の問題にもっとも適切なアプローチを試みたのは，浜田耕作・梅原末治博士らの研究の一端を担われた京都大学

工学部の高橋逸夫教授であった。その代表的な研究の一つは、「石舞台古墳の巨石運搬並に其の築造法」[1]であり、「応神・仁徳・履中三天皇陵の規模と営造」と題する論文に引用された上記三陵の土量計算を中心とする業績[2]であった。

もっとも明治5年(1882)から21年まで大阪造幣局技師として滞日したウイリアム・ゴーランドのわが国の古墳に対する観察力の緻密さと合理的な解釈とは、高く評価さるべき内容を有してはいるが、古墳の築造法や技術についての言及部分は至って少ない[3]。ましてや蒲生君平の『山陵志』における前方後円墳の形態把握には注目すべき視点がみとめられはするが、築造技術の分析など科学的な究明は、やはり高橋逸夫教授らの研究が本格的なものといわねばならない。

高橋教授は奈良県石舞台古墳の巨石を用いた著名な横穴式石室の築造技術を問題とするにあたり、(1) 巨石の重量、(2) 日本人一人の人力、(3) 綱とその張力、(4) 轆轤と滑車、(5) 挺子、(6) 転子、(7) 修羅などの項目別に、まず基礎的な問題を検討した上で、巨石の運搬法を詳細に論じている。石舞台古墳の露出している横穴式石室の天井石は、往時しばしば用いられた紹介写真にある如く、第1天井石も第2天井石も石上の子供の姿と比較して、いかに巨大であるかは世に知られた明白な事実である。角閃花崗岩の石舞台古墳の天井石は、平均比重2.66として、第2石が3,620 cm³で重量約77トン、第1石が3,000 cm³として約64トンと計算されている。以下、これだけの重量のかかる天井石をはじめ、大型の側壁石の運搬や築造法について、具体的な方法を提起し、論じられている。

修羅は大石を運搬する木ゾリのことであるが、古墳時代の実物が昭和53年(1978)に大阪府藤井寺市の仲ツ山古墳(仲津媛陵古墳)の陪塚の周堀底から発見されて世間を驚かせた。長さ8.8m、最大幅1.8mというアカガシ材でできた大形修羅と、長さ2.9m、幅0.75mの小形例とは、その後の修羅引き実験で貴重な数値が記録された[4]。昭和12年(1937)に石舞台古墳の修羅を用いた巨石運搬を想定した高橋教授は、77トンの天井石を20分の1の坂路を修羅で引く場合の力学計算を行ない、直径約5cmの綱7本と約700名の労働者が必要になると説いている。

以上は巨石横穴式石室である石舞台古墳を例とした計算であるが、古墳研究におけるより確実な築造法とその技術は、緻密な古墳の発掘調査の結果から、検討されることが基本となることはいうまでもない。近年、全国各地において、開発のため消滅する運命にある大小の古墳の発掘調査が多い。また日本独特の形態とされる前方後円(方)墳の左右のシンメトリックな形やプロポーションが、古墳築造に先行する基本的な企画設計の実施を推定させる。

前方後円(方)形の墳形がどのような設計法によって決定されたのか、まだ確実なことは不明である。一般的な見解として、後円部に対して前方部をどのような形にするかという意識と、その形状の描き方という具体的な方法に問題の中心があるようである。多くの研究者が指摘しているように、前方後円(方)墳の主軸線、後円部の中心点、前方部前端幅と前方部の長さ・高さ、くびれ部の位置決定、周堀内外の角隅と前方部左右稜線の関係など、いずれも深い関係がある。また墳丘の大きさの決定には何らかの基準があったと見なければならない。奈良県佐紀盾列古墳群を形成する有力古墳が、200m余という墳丘長の値が接近していたり、各地の古墳間に平面形の相似例がみとめられる点から、墓制展開に各地集団の系譜関係まで考えようという傾向もある。

墳丘の築造や石室の構築に、一定の物差しが用いられたとする尺度論も活潑である。かつて尾崎喜左雄博士は、群馬県高崎市観音塚古墳の横穴式石室は、東魏尺の系統をひく35cmを1尺とする高麗尺を用い、「辛己歳」に始まる山ノ上碑と関係が深いといわれる山ノ上古墳の横穴式石室の構築には、29.67cm(約30cm)を1尺とする唐尺で設計されているという考えを提唱された[5]。6世紀後半以降の東国の古墳築造には高麗尺が用いられ、7世紀後半にいたって唐尺に変化したというものである。

古墳の築造に際しては、円墳・方墳の形態は比較的に設計が容易であるが、前方後円墳の形態には多様な変化があって、綿密な計画が立案され設計図が描かれたであろうことは、すでに指摘したとおり、十分に考えうることである。このことは昭和25年(1950)に上田宏範氏が、『古代学研究』2号で示唆されて以来、多くの研究者によっても認められてきたことである。すでに上田氏が指摘したように、古市古墳群の市ノ山古墳(允恭陵

古墳）の墳丘長は 227m，墓山古墳は 224m，後円部直径は 137m に 131m，前方部幅は 157m と 153m という数値であり，平均 2.7% の差しか示さなかった。また宇和奈辺古墳群のコナベ古墳の後円部径 126.5m に対し，磐之媛古墳の場合は 125m という近似値を示し，同一古墳群だけでなく，他地域の古墳とも墳丘の形態・規模がよく合致する例のあることを問題とされた。このような状況から，日本の古墳築造に際しては，23.1cm を 1 尺とする漢尺あるいは 24cm を 1 尺とする晋尺，35cm を 1 尺とする東魏尺などが，用いられていたという前提での解釈論がある[6]。

石室のような構築物は別として，大型墳丘を築造した 4 世紀以来，古墳の立地は地域によっても，また時代によっても多様性をもっている。どのような単位をもって墳丘を分析するとしても，まず築造時における墳裾の確認，正確な形態を把握することが基本であろう。われわれが現地で確認した墳裾，あるいは墳丘測量図に表わされた墳裾は，あくまで現代の墳裾であり，測量者が墳裾と認識した裾である。これが築造時の墳裾とどれほどの差をもつかは，確認の発掘調査による以外に方法はない。古墳の調査経験を有する人ならば気が付くことだが，古墳の裾というのは，傾斜面と平地との単なる接点というほど単純な例はむしろ少ない。周堀の墳丘側縁辺と裾との関係もあり，墳丘全長をどの点からどの点までとするという確実な資料によって，尺度論は展開されなければならない。ある数値が完尺となって割り切れるからという理由のみでは，たとえそれが合理性をもった方法であるとしても，にわかにその数値を信じることはできない。自然地形をどのように利用したかという原地形との関係も究明されねばならないし，また古墳の築造技術には多様な方法があって，造墓技術をもった集団間にも，また差異があった可能性もある。

古墳築造の技術の中で，墳丘の形態や規模をどのように決定したのかという命題に対して，宮川徙・石部正志氏らは近年，方形区画法と大尋・小尋の尺度論を展開されている[7]。人の身長を基準とした大尋（160—164cm），小尋（150—154cm）の尺度が，石室・石棺や埴輪列の構成にまで用いられていたと考えるのである。古墳築造の技術的段階について，最終的な結論を出すことは，現段階ではまだ無理であるが，前方後円（方）墳の築造に際して，きわめて慎重な設計が行なわれ，大型古墳の築造を計画したのであれば，原地形面に対する基礎的な地業が大規模に行なわれたに違いないであろう。つまり十分な計画と設計がなされなければ，大型土木工事を完成させることは困難と思われる。そうした大形古墳の築造に際して，秦・前漢尺の 23.1cm，東魏尺 35cm，西晋尺の 24cm あるいは北周・隋・唐尺の 29.6cm，高麗尺 36.4cm といった尺度が築造時期によって使いわけられていたのか，あるいは古墳築造の技術者集団によって，使用される尺度が異なっていたと理解するのか簡単には決し難い。むしろ，これまで調査された古墳例にもとづく限り，各古墳の示す数値は，わずかながらも変化を示すのが一般的な傾向であり，こうした状況から判断すると，宮川徙氏らの考えている大尋・小尋といった尺度が，古墳時代の慣用尺度であった可能性が強いのではないかと筆者は考えている。

3 古墳の築造技術の問題点

昭和 30 年（1955）に筆者が発掘を担当した茨城県三昧塚古墳[8]は，霞ヶ浦の防波堤築成のため破壊された 85m の長さをもつ前方後円墳であった。当時は行政処置で，工事を中断させることがほとんど困難な時代であり，古墳の採土工事と筆者の発掘調査とが併行して行なわれた。調査中の後半期に前方後円墳の主軸に沿って，墳丘が縦割りされる段階に遭遇した。

その時の所見では，墳丘は明らかに 3 段築成であり，第 1 段と第 2 段の中間に，水平に堆積している厚さ約 2cm の黒色土層が堆積していた。これは築造工事の第 1 段階の工程終了をある程度意味して，意識的に平面に敷かれた土層であったのかも知れないし，また厚さ約 2m の前方後円形の基段築成後に，若干の放置されていた年月を考えさせるものかも知れない。また筆者の分析によれば，三昧塚古墳の周堀は，墳丘築造の最終段階に掘られ，その排土のほとんどが，墳丘表面に厚さ 2〜3m に覆土されたと思われる。要するに，古墳の築造に際しては，立地状況も勿論問題となるが，封土として盛り上げるべき用土の土質によっても，技術者たちはもっとも適合した造墓工事の段どりを設定したようである。

大阪府御旅山古墳[9]と兵庫県五色塚古墳[10]などの前方後円墳では，墳丘の最下段が地山の削り出

しによって形成されており，墳丘第1段の平坦面は，地山面であったことが確認されている。大阪府弁天山古墳群のＣ１号墳，Ｄ２号墳は，墳丘築造に関して詳細な調査が実施された貴重な資料である[11]。弁天山Ｃ１号墳は立地している旧地形の状況から，後円部の大半が地山を削っており，盛土はわずかである。これに対して，前方部の大半は盛土であり，しかもこの盛土と地山との間には黒灰色を呈した薄い土層があり，墳丘を築造する直前に地山に生えていた草木を焼却した痕跡ではないかと見られている。

群馬県前橋市王山古墳[12]は河原石を積み上げた一種の積石塚的な前方後円墳であるが，横穴式石室を内部構造とする後円部に，後から前方部を石積みしたと考えられている。福井県安保山古墳[13]も後円部から造成されており，大阪府富木車塚古墳[14]の場合では，前方部から後円部にかけて墳丘が築かれていった。

以上の諸例は，墳丘の築造法あるいはその技術について，きわめて意欲的な取り組みによって明確となったわずかな調査例である。このほか櫃本誠一氏が『考古学ジャーナル』で指摘されているように[15]，兵庫県養久山古墳群・奈良県額田部狐塚古墳・静岡県赤門上古墳などでは，後円部の築造が先行し，後から前方部を形成した例に属することが明白である。

前期古墳と後期古墳との比較において，後円部から前方部へという築造順序と第１段から２段・３段へと上下関係の築造順序と，さらに類例について未知ではあるが，前方部から後円部へという築造順序があったとしても，こうした築造技術と時代性の関係など，まだほとんど究明されてはいない。前期古墳に，後円部→前方部という順序を示す例が，やや顕著なようにも推定されるが，なお将来の研究にまつべき課題であろう。

各地の調査例や論究が集積されつつある最近の動向によれば，古墳の築造とその技術に関しては，明確な目的意識のもとにおける古墳の詳細な発掘調査の結果を，なお一層追加する必要があろう。近年，鈴木啓氏が福島県亀ヶ森古墳の築造に要した労働量の積算を行ない，土運び人夫・床掘り・土堤・芝工・石工関係など総勢142,094名と報告している[16]。古墳築造に要した諸条件を考えながら，こうした具体的な資料を今後，大いに集積することが必要である。その上で，比較・検討が極力行なわれねばならない。

わが国の古墳が，とくに大型古墳において社会的エネルギーの投入の場という性格を持っている。さまざまな宗教的な行事を進行させつつ，労働力と財力を傾けた古墳にこそ，当時の先進的な土木技術の水準を見ることができるのである。

註

1) 高橋逸夫「石舞台古墳の巨石運搬並に其の築造法」『大和島庄石舞台の巨石古墳』京大考古学報告，14，1937
2) 梅原末治「応神・仁徳・履中三天皇陵の規模と営造」宮内庁書陵部紀要，5，1955
3) ウイリアム・ゴーランドの業績について，最近その体系的な紹介が刊行されている。
　上田宏範監修，ウイリアム・ゴーランド著『日本古墳文化論』1981
4) 朝日新聞大阪本社社会部『修羅』1979
5) 尾崎喜左雄『横穴式古墳の研究』吉川弘文館，1966
6) 古墳築造の使用尺を推定している研究者として，甘粕健氏・椚国男氏らを代表として多い。墳丘の法量に対して，どの尺度がよく適合するか。完尺となって割り切れるかという点を重要視されている。
7) 石部正志・田中英夫・宮川 徙・堀田啓一「畿内大形前方後円墳の築造企画について」古代学研究，89，1979
8) 斎藤 忠・大塚初重・川上博義『三昧塚古墳』茨城県教育委員会，1960
9) 田代克己・井藤 徹『御旅山古墳調査概要』1971
10) 喜谷美宣『史跡五色塚古墳環境整備事業中間報告Ⅰ』1970
11) 堅田 直・田代克己・原口正三・西谷 正・北野耕平『弁天山古墳群の調査』1967
12) 群馬県教育委員会『教材・群馬の文化財』原始古代篇，1979
13) 青木豊昭ほか『安保山古墳群』1975
14) 上田 舒・森 浩一・藤原光輝・秋山進午・宇田川誠一『富木車塚古墳』大阪市立美術館，1960
15) 櫃本誠一「前方後円墳の企画とその実態」考古学ジャーナル，150，1978
16) 鈴木 啓「福島県亀ヶ森古墳の労働量」福島大学史学，31，1981

特集 ● 古墳の謎を解剖する

古墳築造の企画と設計

古墳の築造にあたっては，まずどのような場所が墓地として選ばれ，そしてあらかじめどのような設計がなされたのであろうか

墓地の選定と墳形の選択／前方後円（方）墳の設計と尺度

墓地の選定と墳形の選択

関西大学教授
網干善教
（あぼし・よしのり）

どういう形の墳墓をどこに築造するかということは被葬者にとってもまた当時の社会においても重要な意味を有していた

1 はじめに

ある権力者が死去した。その人のために，どこに，どのような形の，どれだけの規模の墳墓を築くか。加えて葬送の儀式をどのように執り行なうか。副葬品としてどれだけのものを埋納するか。それらの品物をどうして整えるか。墳墓築造工事のためどれだけの人間をどのようにして動員し，どれだけの道具を調達するか。全体の運営と現地での指揮は誰がとるか。など，それは大変なことであっただろう。しかし，考古学上から推察できる資料はそのうちのわずかなものでしかない。想像をたくましくして大胆に推理することは容易であるかも知れないが，考古学としてこれを実証することは容易でない。同時に慎重でなければならない。

2 墓地の選定

古墳がどのような立地に築造されたかという問題については，かつて末永雅雄先生は，

①丘陵利用，②丘尾切断，③洪積台地上，④平地，⑤独立丘陵利用の5分類を試みられ[1]，さらに各々について2～4の小区分を行なわれた。この考察は古墳の立地について網羅されているが，大和についていえば鷲塚のような丘陵頂に築造されたものと崇神・景行陵の如く丘陵端を利用したもの，さらに垂仁陵や島ノ山古墳のように，台地ないしは平地に構築されたものの相違が一体何によるものであるかという理由や，百舌鳥古墳群の前方後円墳のように主軸が南北方向の仁徳陵，履中陵，反正陵のような一群と，にさんざい古墳（東百舌鳥陵墓参考地），いたすけ古墳のように主軸を東西方向に築造された一群とが存在する意義が，単なる地形的な理由だけでなく，他に要因があるのだろうかという課題ものこされている。ただ，この解明は容易ではない。

さて，日本に最も近い朝鮮半島の三国時代の立地を各地域，各時期にわたって観察された金基雄氏[2]は，高句麗中期輯安時代が墳丘が高大でありながら，主に平地またはゆるやかな傾斜面を選んでいる理由について，「一般に古墳の存在を強く主張するためには，百済，伽耶の如く，平地を見下せるような山丘を選ぶべきであろうが，古新羅古墳の立地選定の如く，如山山麓の一部を除いては，山城子山城下の東南平野および蕨線溝地区の古墳群など，ほとんどが平地に築造されている」とし，また百済中期熊津時代の古墳立地については，「公州付近の古墳は平地築造のものは一基もなく，すべてが南面した丘陵の先端，尾根上若しくは傾斜面に築かれている。各地区の古墳立地の地形を

見ると，だいたい一様で，一定の条件があるかの如く思われる」とし，さらに伽耶古墳が「平地から見上げる丘陵上および丘陵尾根の傾斜面を選定している。これは今でも高燥の地を神聖な良地と考える埋葬観念によるものと思われる」と指摘されている。その当否は別にして，日本の古墳の場合も古墳立地が，単に権力の表徴とか，壮大な観を抱かせる視覚的な理由とかといった抽象論ではなく，もっと深化させた考察が必要ではなかろうか。その場合，墳墓の選定における風水思想なども視点の一つであるかも知れない。

わが国における後期古墳，とくに巨石を用い，大規模な横穴式石室を築造した古墳について大和での事例を観察すると一つの共通性のあることを指摘したことがある[3]。

それは古墳立地をみると，丘陵端に舌状に突出した地形があって，そこに墳丘，石室が構築され，ほとんどの場合，その両側にも同じような尾根の地形がみられる。すなわち中央のやや短い尾根の張出し部に古墳を築成し，両側の尾根がこれを囲むというような形状となる。したがって墓域はこの両側の尾根の稜線より内側となるのかも知れない（挿図参照）。

これは，いみじくも末永雅雄先生が古墳立地の第2分類（丘尾切断の築造）において[4]，桜井茶臼山古墳，崇神陵，宣化陵などについて説明のあと「この形式の築造については上空からの大観によって，地形上，数条派生する丘陵の中央の尾根を選択して築造し，左右に丘陵を配した企画が考えられている。これは各古墳偶然の一致ではなく，築造意図があったものと私は観察している」と述べられていることと一致する。

次に，古墳築造の地域と被葬者の関係についての問題がある。古墳の被葬者を決めることはよほどの資料が整わなければ判明しない。結果的には古墳のほとんどは不可能に近い。仮に古代氏族の本貫地にあったとしても所詮推定にしかすぎない。だが墳墓築造ということは非常に保守的な性格をもっている。例えば現在でも田舎の共同墓地は，その土地に住む者，あるいは縁故のある者，すなわちその共同体の構成員でなければ埋葬されることはまずあり得ない。古代においてもある権力者，あるいはその一族が墓地，ないしは墓域を設定した場合，その地域内に無関係の人間がより大規模な墳墓を築くことは許されないであろう。

このことは中国の歴代王朝の陵墓をみると，漢帝陵の所在する王陵群，乾陵を中心とする唐王朝陵群，北宋王陵群，北京北郊の明十三陵群などであり，百済においては公州宋山里，扶余陵山里王陵群も同様であろう。反面，当然同一墓域内に埋葬されるべき人物が，その墓域内に築墓されていないということがあれば，それにはそれなりの理由があるはずである。

こうした考えのもとに，かつて7世紀代の日本の陵墓について論じたことがある[5]。要約すると，7世紀代の天皇及び皇族が墓地として選定したのは，①河内磯長，②押坂（忍坂），③山科，④飛鳥の地域と思われ，被葬者のそれぞれには血縁的，系譜的関係がある。しかし，当然その墓域内に埋葬される天皇，例えば崇峻天皇の河内飛鳥，孝徳天皇の飛鳥での築陵が行なわれなかったことは，それなりの理由があったという考えである。同様なことは5世紀，6世紀でも推察できるのではないかと思う。

大和は古代政治の中心地域であった。そこで大和における大規模古墳の分布状態から，古代氏族の消長を考えようとしたことがあった[6]。すなわち，佘田，崇神，景行陵などが所在する山辺(やまのべ)古墳群，巣山(すやま)，新木山(にきやま)，新山(しんやま)古墳などが分布する馬見(うまみ)古墳群，日葉酢媛陵やウワナベ，小ナベ古墳群が築造されている佐紀(さき)古墳群などの地域では大規模な前方後円墳が分布するが，大規模な横穴式石室を埋葬主体部とした古墳はほとんどない。

これに対して，天理市周辺，葛城山東麓，磐余(いわれ)地域と称される桜井市南部には前方後円墳も横穴式石室も共存する。また平群谷，巨勢，飛鳥などでは前・中期に編年できる巨大な前方後円墳はなく，大規模な横穴式石室墳が主として存在するという如く，古墳の分布に地域的差違がみられる。そこで，古墳のあり方からみて，それぞれの地域の歴史的背景を見出そうと考えた。もちろん個々の古墳の被葬者は決定できないが，4世紀頃から7世紀頃に至る墓地の選定と古代氏族の消長をある程度類推できるのではないかという試みである。

3 墳形の選択

前方後円墳というわが国特有の墳形がどのような理由によって生じ，どのような意味をもっているかという課題は多くの学説を生んできた[7]。しかし，この可能性の問題は所詮決定的なものでは

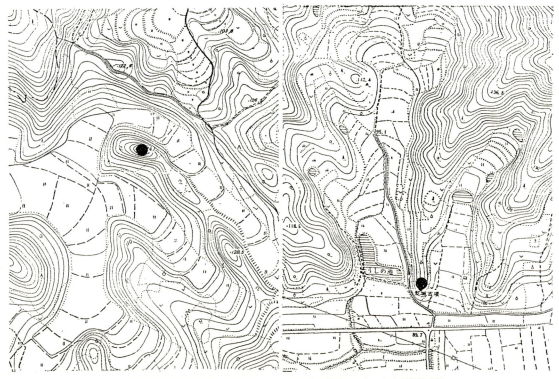

大規模横穴式石室墳の立地の事例　左：奈良県真弓鑵子塚　右：奈良県乾城古墳

ない。したがって前方後円墳起源論は今後も諸見解が述べられるであろう。しかし，現実に前方後円墳という形状の大規模な墳墓が存在し，わが国における4世紀ないしは5世紀の盟主的な古墳であることを思えば，なお活潑な議論を必要とする。

方形墳の場合も同様である。一体方形墳を築造するということにはどのような意義があるのだろうか。推古，用明陵，石舞台古墳，赤坂天王山古墳などに見られる大規模な方形墳の築造の背景には，八角方墳をふくめて中国における天子の祭祀の礼を基調とする「天円地方」の「地方」という思想的背景に由来するものと考えている[8]。

なかでも八角形墳ともいうべき特殊な墳形が何故築造されたのかという課題があった。それは，文暦2年3月の天武・持統陵の盗掘の記録である『阿不幾乃山陵記』に「形八角，五重也」とあることをどのように理解するかということにある。もし，この通りに天武・持統陵が八角形墳だとすると，何故そのような墳形が選ばれたかという問題意識がある。その解釈として，天武天皇は崇仏者であった（私見では崇仏者というより法師天皇であったと考えられる）。八角形の建造物は仏教寺院建築に多い。故に天武天皇陵は八角形墳とした。とい

う理解が従来から行なわれていて，これが定説の如くみなされ，何らの疑問ももたれなかった。

ところが天武・持統陵の西南約400mの位置の奈良県明日香村平田に所在する史跡中尾山古墳の実測図を作成した藤井利章氏は，もしかすると中尾山古墳は八角形であるかも知れないということを指摘した[9]。

昭和49年12月から翌50年1月にかけて中尾山古墳の環境整備事業を行なうことになり，その一部について事前調査を行なったところ，外形が八角三成と二重の外部施設のある構造と判断できる状態を確認し，改めて八角形墳築造の意義が問題となった。

これに呼応して舒明陵や天智陵も八角形墳であるとの想定が問題となってきた。天智陵について八角形墳であるとの示唆的な所見を最初に述べられたのは末永雅雄先生である[10]。

舒明陵を最初に八角墳であろうと観察し，記述したのは故高橋三知雄氏であった[11]。管見ではそれ以前に舒明陵が八角形墳である可能性を指摘した人はいなかったし，記述したものもない。高橋氏は中尾山古墳が八角形の可能性のあることを確認して数日後に，江戸時代の皇陵絵図から舒明陵

の問題を指摘した。

さて，天武天皇が法師天皇であることは間違いないが，それ故に八角形墳を築造したとすることには矛盾が生じる。奥村郁三氏も指摘する如く[12]，天武大葬の整え方が仏教儀式とするより，むしろ儒教的なものであるとするのが至当であって，私見では八角墳は方墳であり，その基調をなすものは仏教思想ではなく，中国の政治思想の根幹とした「天円地方」の地祇の「地方」によるものであって，八角形という造形が仏教から生じるものではなく，仏教にも影響したとみるべきである。そのように理解することによって，これをめぐる多くの事象が円滑，かつ合理的に理解できるものと思う。こうした考え方は未だ少数意見であるかも知れないが，やがて一つの見解として是認されるものと確信する。ただ中尾山古墳即天皇陵と考えることは時期尚早であり，牽牛子塚，高松塚，マルコ山古墳，石のカラト古墳などとの絡みで将来検討すべき問題がある。

次に壇の築成についての課題がある。古墳を観察した場合，前・中期の前方後円墳から後・終末期にわたる古墳に明確な壇の施設が認められるものが多い。従来二段築成，三段築成と呼ばれてきたものであるが，この壇状の施設が構築される意味や特徴についてはあまり考察が試みられていなかった。そこで私見をまとめ，「古墳における壇の築成について」という一文をまとめて発表した[13]。

まず名称については『後漢書』から「壇兆」という熟語を引用し，語義は『説文』の「註」の「封土為祭処也」によった。

さて古墳における壇兆は主として前方後円墳の埋葬主体部施設の上に方形壇状の封土が築かれている事例，例えば桜井茶臼山古墳や日葉酢媛陵にみられるようなものと，墳丘に設けられるものとがある。こうした壇兆の施設は本来「土を封じて祭処となす」というものであって，単なる土木工事的なものではないという指摘である。

前方後円墳にみられる明確な壇の施設は，崇神，景行陵を中心する山辺古墳群，佐紀古墳群，古市古墳群，百舌鳥古墳群を比較すると相違がある。これは地域的なものか，あるいは被葬者の性格によるものかは判然としないが，墳形の選択とも関連する問題であり，今後検討を要するものと思う。

4 まとめ

どのような墳墓をどこに築造するかということは被葬者にとっても，また当時の社会においても重要な意味をもっていたと推察できる。

さらに前方後円墳の場合，現在多くの研究者によって試みられている如く，古墳に企画性があったとするならば，それは逆に墳墓の規模，型式に関する規制であったと考えることもできる。

前方後円墳の外形の起源はいまのところ定かではないにしても，方墳（八角形墳をふくむ）や壇の築成の思想的背景は中国における地祇が基調となっていないだろうか。

また同じ時代に規模，形状の異なった古墳が構築されていることは，単に趣味・趣向の問題でなく，その背後にある被葬者とそれをとりまく集団の政治的，社会的，思想的な意義を追求する必要があるのではないだろうか。

註
1) 末永雅雄『日本の古墳』朝日新聞社，1961
2) 金基雄「三国時代古墳の変遷」金廷鶴編『韓国の考古学』河出書房新社，1972
3) 網干善教「後期古墳研究会発表要旨」
4) 註 1) に同じ
5) 網干善教「七世紀代における造陵墓地について」横田健一先生還暦記念『日本史論叢』1976
6) 網干善教「大和における後期古墳の歴史的背景」日本古文化論攷，1970
7) 網干善教「前方後円墳起源論について」竜谷史壇，45，1959
8) 網干善教「八角方墳とその意義」橿原考古学研究所論集，5，1979
9) 藤井利章「晩期古墳の基礎的考察」竜谷史壇，66・67 合併号，1973
10) 註 1) に同じ
11) 高橋三知雄「檜隈の里」横田健一・網干善教 編『講座・飛鳥を考えるⅢ』1978
12) 奥村郁三「隋・唐律令について」横田健一・網干善教編『講座・飛鳥を考えるⅠ』1976
13) 網干善教「古墳における壇の築成について」関西大学考古学研究室開設30周年記念『考古学論叢』1982

前方後円(方)墳の設計と尺度

橿原考古学研究所研究嘱託
■ 宮川 徙
(みやかわ・すすむ)

前方後円墳の設計は，円に対して前方部をどのような長さで構成するかにある。また基準尺としては「尋」が使われていた

　前方後円墳の築造企画については様ざまの角度から多くの論考が発表されているが，戦後いち早く前方後円墳の型式学的研究に先鞭をつけた上田宏範の業績[1]があり，また，基礎資料として欠くことのできない「陵墓」実測図を，一般研究者も使用できる糸口をつくった末永雅雄の功績[2]は大きい。

　古墳の設計と尺度に関連する主な論考をとりあげてみると，上田宏範は前方後円墳の主軸に設定した基準線で後円部を6等分し，これを単位として前方部を構成する比率を割り出す計測点を設け，型式学的な分類と編年を行なった。尺度については高麗尺による方格地割を想定されているが，さきに設定した計測点とこの高麗尺による方格地割とがうまく重り合わない点に疑問が残る[3]。

　甘粕健は計測点の設定を上田説によりながら，独自の視点から前方後円墳の形態と尺度について詳細な検討と論考を行なっている。それによると，4世紀型の古墳は漢尺あるいは晋の前尺を基準とした歩制による地割を考え，5世紀型では晋の後尺ないしは宋尺へと転換し，6世紀後半以後は東魏尺へと変化していったとする[4]。

　栩国男は墳丘主軸長を8等分し，日葉酢媛陵型，応神陵型，仁徳陵型の3類型を基本とした型式分類を行ない，主軸長を前漢尺や西晋尺などで完数で割り切れる可能性を論じている[5]。

　その他，毛野の古墳の系譜を2つの円を連接した企画制と晋尺の組合せで論じた梅沢重昭[6]や最近では堅田直が別の視点から円の連接と構成で，外域から求心的に墳丘に至る企画性の成立することを発表している[7]。

1　前方後円(方)墳の築造企画性

　これまで述べてきた諸説をふくめて多くの論考が共通する点は，

1. 墳丘の主軸線が前方後円(方)墳を構成する第一義的な基準とみなしていること。
2. 前方後円墳は左右対称図形であるという大前提のもとに，主軸線を前方部の中央に設定するため，主軸線と前方部前端線が直交しない事例を無視している場合があること。
3. この主軸線の長さを中国や朝鮮の制度尺の中から，完数で割り切れる尺度単位を求めようとする方法が主流を占めること。

というようにまとめられる。それでは，わたくしたちが共同研究としてとり組んだ築造企画の視点から検討を加えてみたい。

　前方後円墳の大小の差を捨象して後円部を一つの円とみなした場合，この円の上に様ざまの形態をした前方後円墳の後円部を重ねて投影していくと，前方後円墳の形態の基本的な相違点は，円に対してどのような長さの前方部を付けて構成するかという点にあることが明快になった[6,8]。

　縮尺も大きさも不同である実測図をもとに，後

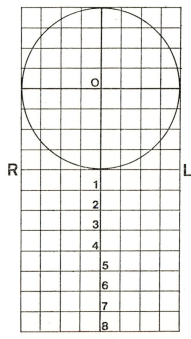

前方後円墳の築造企画の基本となる方形区画
（1マスが1区になる）

後円部を「円」に重ね，前方部前端線が1のところにくれば1区型，以下2区型から8区型までの類型に型式分類できる。O点に立ち前方部に向かってRが古墳の右側，Lは左側を示す。

円部を同一の円とみなして重ね合わせていくのはそのままでは至難のことであるが，接写用レンズで実測図をスライド化し，ズームレンズのついたスライドプロジェクターで投影すると，レンズ収差による誤差もほとんどない状態でこの作業は簡単に行なえる。

結論的にまとめてみると，円に対して前方部をどのような長さで構成するかというその比率は，円の直径を8等分した1マス——これを「区」とする——で1区から8区までの位置に前方部前端線がくる[9]。ちなみに，大和における前方後方墳の場合は，後方部幅が後円部直径に相当する基準となる。定形的な前方後円墳は5区から8区までに前方部前端線が位置し，前方部の短小な帆立貝形と呼ばれるタイプは1区から4区までの位置にくる。

前方部を何区型に企画するかは，同一系譜性ないしは同族性を表徴したものとしてみなされたものであろう。前方部前端線は主軸線と直交するように設定されるので，主軸線を境に左右が必ずしも対称にならない事例が多いが，これは区を単位にしてすべて読みとれる。

下図で示したコナベ古墳の例のように，墳丘の一方の前方部隅角部が直角になる例（矢印）はしばしばみられ，こうしたタイプを「片直角型」と呼んでいるが，後期古墳ではさらに様式化する例もみられる[13]。

前方後円墳を構成している要素を整理してみると，前方後円墳の第一義的な基準は埋葬主体のある後円（方）部の直径であり，ある比率の長さをもって付随する前方部は第二義的な基準であることがわかる。さらに，前方部幅は築造時期などによって変動していく要素をもった第三義的な基準といえる。

ここで，前方後円（方）墳が企画性をもって成立してくる機序を示唆しているとみられる例をみよう。

奈良県大和古墳群にある中山大塚古墳は，大和における古式前方後円墳の中でも初源に位置する可能性の考えられる古墳であるが，主体部は隅円長方形の台状のものが後円部に載っている景観をし，その前に細長い長方形平坦面が付く。墳丘は段築を形成せず，前方部はバチ形に開き，前方部前端線はゆるく弧形を描く。後円部後方にはラッ

墳丘・周堀を非対称に企画したコナベ古墳
（5区型，1区10尋，1尋163cm）
矢印の部分が「片直角」のコーナー部分。R＝1.5，L＝2.5区の企画で，前方部の周堀線は斜行する。×印は円筒埴輪列の検出された位置を示す。（『古代学研究』89より）

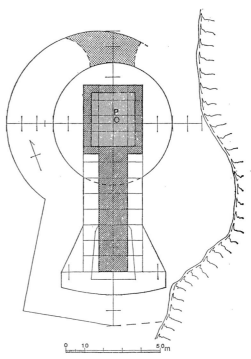

中山大塚古墳の企画性を示す模式図
（7区型，1区5尋，1尋160cm）
斜線部分が隅円長方形主体部とそれに付随する平坦面。P点は主体部の中心点，O点は後円部の中心点。後円部後方のアミ目の部分は後方部的施設の推定部分。

パ状に開く後方部的な施設が付くことも想定され，定形化した前方後円墳とはかなり様相を異にする。

中山大塚の企画性と築造技法を復原してみると，長方形隅円台状をした主体部を構築し，それに細長い平坦部分を付随させる。主体部の周囲は下方へ円形に墳丘を削り出すように形成し，前方部も平坦部分から周囲へ同じように形成して前方後円形に墳丘を造り上げていった経緯をうかがわせる。

主体部を構築してから墳丘を削り出して形成していく技法は，定形化した古墳の築造の際，第1段を旧地形の掘り込みによって築成する技法として様式化され継承されていく。

中山大塚の図で示した斜線部分は，同じ大和古墳群にあって前方部が後方部の2倍にも達する特異な形状をした前方後方墳波多子塚古墳の平面企画の構成と全く一致する。

この斜線部分の企画性が大和における前方後方墳の定形化へ継承される可能性をふくんでいるとともに，台状墓的な主体部から古墳へ止揚されていく成立過程を推測させる手がかりを秘めていると考えられる[10]。

大和における定形化した前方後方墳は，前方後円墳と全く同じ企画性のもとに築造されているが，大和で最大の前方後方墳天理市西山古墳の企画は1区7尋を最大限度としているように，中山大塚での前方後方形の部分と前方後円形の墳丘部分の成立過程と規模の差を，墳丘企画の差へと発展させていったものに他ならないのではなかろうか。

2 築造企画に使われた基準尺度

前方後円墳の大きさと各部分を決めるには，「区」をどのような大きさにするかによって簡単に決めることができる。この方法によると，比例図法的に平面企画が同じで大きさの違う前方後円墳を自由自在に企画できる。それに使われた基準尺度としては，身度尺の最大の単位である尋が使用されていた可能性を提起したい。

尋とは両手を一ぱいにひろげたときの指先から指先までの長さで，ほぼ身長に相当する。尋が計量の単位として重要であるという点は，水田耕作を主要な生産基盤としているという日本の歴史的な風土にその起源があると考えられる。

古墳に使用されたとみられる尺度単位としては，約160cm～164cmと，約150cm～154cmの2つの単位に集中する傾向があり，それぞれ「大尋」と「小尋」と仮に呼んでいるが，これは古墳時代成人男子および女子の推定平均身長にきわめて近い数値である。

2種類の尺度単位があるとするには異論もあるが，古墳時代には男性首長と共に女性首長も併存していた，という意味での双系性の問題とも関連するとみられる[11]。

次頁の図には前期，中期，後期に分けて86基の古墳の1区を構成する尋数と大きさを示したが，この1区の大きさはそれぞれの古墳の大きさを決めている質量ともいえるもので，墳丘の長さを対比して古墳の大小を判断していた従来の方法よりも，いっそう客観的に古墳の企画性の大小を判定する指標とすることができるようになった。

前期では1区13尋の渋谷向山（景行陵）古墳が最大の企画性をもち，大和では古墳時代全期間を通じてこの右に出るものはない。中期では1区13尋を超える古墳が出現するが，巨大古墳という規定は1区13尋以上とするのがふさわしい。

墳丘長では日本一の大山（仁徳陵）古墳も，1区

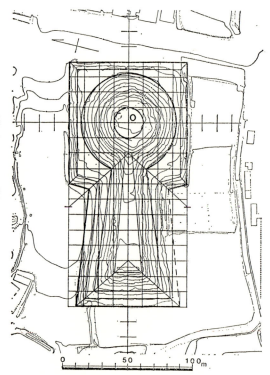

大和における定形的前方後方墳西山古墳の築造企画の
推定復原図（8区型，1区7尋，1尋161cm）
（置田雅昭『大和の前方後方墳』より）

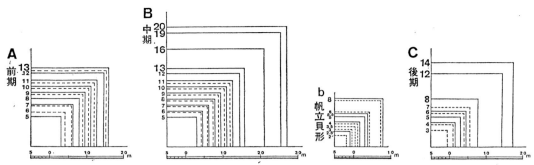

畿内主要大形前方後円墳の1区の基本単位模式図（左肩の数字は尋数を示す。実線は大尋，点線は小尋）
（前期・中期は1区5尋，後期は1区3尋。以下は省略した）

A 前期

1区の尋数	古墳名	型式区型	1尋の長さcm
13	渋谷向山	6	162
	五社神	5	154
12	箸中山	6	162.5
	行燈山	5	162.5
11	室大墓	6	160
	西殿塚	5	153
10	メスリ山	6	160
	佐紀陵山	6	162
	石塚山	5	153
	五色塚	5	152
9	桜井茶臼山	6	160
8	椿井大塚山	6	162.5
	△櫛山	5	160
7	※天理西山	8	161
	上ノ山	5	150
6	アンド山	5	152
	中山大塚	7	160
	ヒエ塚	7	163.5
5	※新山	7	164
	東殿塚	10	160

△双方中円墳
※前方後方墳

B 中期

1区の尋数	古墳名	型式区型	1尋の長さcm
20	誉田山	5	160
19	大山	8	160
16	石津丘	6	162.5
	(岡山)造山	6	160
13	仲ツ山	6	160
	百舌鳥ニサンザイ	6	162.5
	(岡山)作山	6	160
12	市庭	5	160
11	太田茶臼山	5	160
	岡みさんざい	6	160
	ウワナベ	8	153
10	津堂城山	6	160
	コナベ	5	163
	墓山	6	161
	市ノ山	6	163
	築山	5	152
	ヒシヤゲ	6	160
	宝来山	7	153
9	巣山	6	161
	新木山	6	162.5
	西陵	7	160
	軽里前之山	6	152
8	古室	5	160
	淡輪みさんざい	6	160
	島ノ山	7	164
	河合大塚山	7	164
	御廟山	7	160
	(岡山)両宮山	7	163
	百舌鳥大塚山	5	153

7	イタスケ	5	161
	雲部車塚	5	154
6	新庄屋敷山	6	160
	田出井山	8	154
5	ナガレ山	5	160

b 帆立貝形（1～4区型）古墳

1区の尋数	古墳名	型式区型	1尋の長さcm
8	掖上鑵子塚	4	160
	(三重)馬塚	4	160
	乙女山	2	153
6	(三重)女良塚	3	153
5.5	塩塚	4	160
5	青塚(青山1号)	1	160
4	定ノ山	3	164
3.5	オセ山	4	154
	(三重)黒沙門塚	4	154
3	コウジ山	3	153
	蕃上山	3	151
	(群馬)今井茶臼山	2	152
2.5	大園	3	162
2	青山2号	3	150

C 後期

1区の尋数	古墳名	型式区型	1尋の長さcm
14	河内大塚山	7	160
12	見瀬丸山	8	162
8	今城塚	7	160
7	鳥屋みさんざい	5	151
6	高屋築山	5	160
	別所大塚	5	160
	梅山	5	150
	西乗鞍	4	150
5	石上大塚	5	164
	ウワナリ塚	5	160
	西山塚	6	162.5
4	太子西山	6	163
	郡山新木山	6	162
	東乗鞍	5	150
	△金山	5	152
3	烏土塚	5	150
	市尾墓山	6	150
	新庄二塚	6	150

△双円墳

の尋数では誉田山（応神陵）に一歩譲り，質量では誉田山が日本一の巨大古墳である。

後期古墳が墳丘規模を縮小する様相が明確にとらえられ，1区8尋の今城塚古墳の企画性が1区13尋に相当する企画性になる。帆立貝形（1～4区）古墳は1区8尋を最大限度とするところから，階層秩序が古墳の企画性にまで及びつつあったことを示唆しているものとみられる。

また，大尋は中期以降巨大古墳に集中するのも，大尋と小尋が制度的に使い分けられていたことを示すとみられる。小尋の方は一般的に造墓用度地尺として普辺化し，前方後円墳の築造が終止した以降，終末期古墳に至るまで墳丘の基準尺度として使用され，6世紀後半では1尋＝5尺に対応する形で曲尺相当の尺度に接点が求められる[12]。

尋は墳丘の築造企画だけでなく，主体部石室の構築，円筒埴輪の方形区画列，石棺などの基準尺度としても使用されている例が具体的に検討されているので，古墳造営の一貫した尺度単位であったことが考えられる[12,13]。

3 古墳地割と実験的検討

築造企画を具体的に検討した事例はすでに80例に達しているが[14]，大阪府堺市とその周辺都市

25

の郷土クラブの中学生を組織した「いずみの自然と歴史を学ぶ友の会」では，古墳学習の一環としてこの築造企画論の理論通りに古墳地割が行なえるかどうかを検証するために，学校の校庭に実大の古墳の設計図を描く実験にとり組むことになった。

第1回は第二阪和国道と周辺の区画整理で発見され調査された高石市西取石の大園古墳をとり上げることになった。大園古墳は本来の基底面以下まで削平されてしまっていたので墳丘の上部については不明であるが，旧地形を掘り込んだ墳丘と周堀の基底線は推定復原できる（口絵5参照）。

3区型，1区2.5尋，1尋162cmで，後円部直径8区32.4m，墳丘長11区44.6m，前方部幅5区20.3m，全長14区56.7m，周堀幅1.5区6.1mの復原値が求められる。1981年12月13日，午前中の学習会の後，午後1時から3時過ぎの約2時間で築造企画をもとに堺市西百舌鳥小学校の校庭に実大の大園古墳の地割図を描いた。使用した道具は162cmの尋棒と水糸，直角を割り出すための3尋：4尋：5尋の比率に割り付けた勾股弦の細引きの紐だけであったが，地割終了後各部分を巻尺で計測したところ，誤差は平均0.5％前後であった。

次の事例には大山古墳の1/8の企画図をとり上げることになったが，実大であれば兆域の長さ800m余り，幅660m余りという広大なもので，到底このような面積をもったグラウンドは存在しない。そこで，学校校庭になんとか収まりそうな1/8をとったが，これは実大の墳丘を1区の単位に縮小した比率となる。

大山古墳は8区型，1区19尋，1尋160cmで築造企画の復原を行なっているが，次頁の図にも示したように，1区19尋という企画性は古市古墳群の墓山古墳6区型，1区10尋，仲ツ山（仲津媛陵）古墳6区型，1区13尋，百舌鳥古墳群の石津丘（履仲陵）古墳6区型，1区16尋と1区3尋ずつ段階を追って大きくなる企画性の上に，さらに3尋大きくとったものと考えられる。また，周堀，外堤の企画にもこれらの古墳の1区の単位が組合わされて整然と地割されていることがわかる。これらの背景については拙稿[13,15]を参照されたい。

前方部正面の周堀，外堤の横幅は，自己の1区19尋を単位として地割し，右側（R）は地形が傾斜に向うために，内堤の外側から3重の周堀にかけて左側（L）より1/4区ずつ狭く企画するなど細かい配慮がみられる。

後円部は4段築成で，第1段は旧地形を掘り込んだ肩が基底となり，第1段，第2段は1/2，第3段3/8の平面対高さの勾配をとる。前方部は3段築成で，第1段は旧地形を深さ1尋掘り込んだ位置を基底として，第1段1/2，第2段，第3段は1/3の勾配をとっている。後円部，前方部ともに高さは1区で企画されていたとみられる。

後円部と前方部を接続させるくびれ部折線KR（右）とKL（左）および，前方部の隅角を決定する隅角線GR（右）とGL（左）の設定は，段築の築成と前方部側面の形成の上からも重要な企画の基準線である。

使用した道具は160cm　1尋の尋棒と水糸，勾股弦用の細引き紐だけで，1982年1月24日，堺市福泉上小学校校庭に午前9時から実働約5時間で地割図を描き，誤差は0.5％以下をマークする好成績を収めた（口絵5参照）。

この2回の実験を通じて得られた感想として，紐をコンパスにして円を描くのはせいぜい半径15mくらいが限度で，それ以上になると縄延びのために精度は格段に悪くなる。

最近調査された大阪府淡輪西小山古墳でみられた36角形状に円弧を形成している例のように，中心点から放射状に水糸を張って，その間を尋棒か単位の小さい尋縄で丹念に計測していけば，巨大古墳の後円部も誤差がほとんどなく地割できる見通しがえられた。この方法をとれば，傾斜地や段差のある地形に古墳を築造する場合でも，水舟などの水準器を使って水糸の水平を求めながら正確に正円を描くことができる。

このように，単純化された原理と簡単な道具だけで，丹念に作業することによって前方後円墳の地割は予想以上に正確に行なえる。定形的な前方後円墳が広い地域に普及した背景と理由を考える上で，この点は重要な示唆を投げかけているようである。

註
1) 上田宏範「前方後円墳築造の計画性」古代学研究，2，1950
2) 末永雅雄『日本の古墳』朝日新聞社，1961
3) 上田宏範『前方後円墳』学生社，1969
4) 甘粕　健「前方後円墳の研究―その形態と尺度について―」東洋文化研究所紀要，37，1965

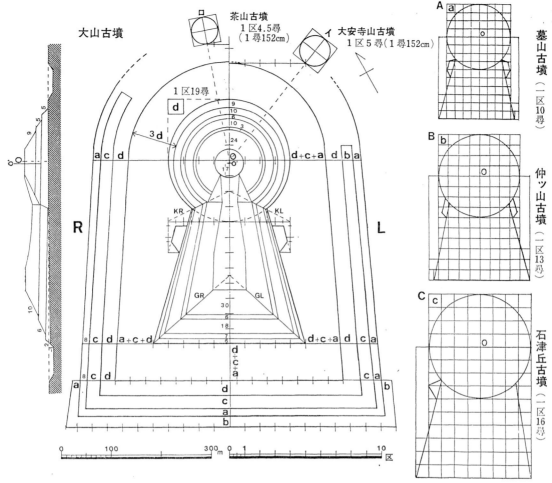

大山古墳の築造企画の推定復原模式図および関連する古墳の企画性の対比

左は高さの企画性を示す側面図（高さは平面の1.5倍）
後円部O点は後円部中心点，O'点はO点より3尋移動した位置で，各段築の中心点。アルファベットの小文字は各古墳の1区の単位の組合せを示す。数字は各段の幅および高さの企画の尋数を示す。KR，KLは左右のくびれ部折線，GR，GLは左右の前方部隅角線。
(1982.1.12 作成，12.8 一部加筆修正)

5) 椚 国男『古墳の設計』築地書館，1975
6) 「特集・古墳の企画性」考古学ジャーナル，150，1978
7) 堅田 直「前方後円墳の墳丘について―築造の原則―」考古学論考―小林行雄博士古稀記念論文集，平凡社，1982
8) 石部正志・田中英夫・堀田啓一・宮川 徨「畿内大形前方後円墳の築造企画について」古代学研究，89，1979
   同「帆立貝形古墳の築造企画」考古学研究，106，1980
9) 後円部直径を8等分するという点について『日本書紀』皇極天皇元年十二月の条に「是歳，蘇我大臣蝦夷，己が祖廟を葛城の高宮に立てて，八佾の儛をす」とあるが，八佾の儛とは8人が8列に並んで64人方形の群舞をすることであるという。
   中国では天子の特権とされているが，古墳時代には祖霊祭祀として 8×8＝64 という数詞が土俗的な形で受け入れられていたという考え方もできよう。
10) 石部・田中・堀田・宮川「大和の若干の前期前方後円墳の築造企画」考古学論攷，8，橿原考古学研究所紀要，1982
11) 今井 堯「古墳時代前期における女性の地位」歴史評論，383，1982
12) 宮川 徨「終末期古墳築造企画の基準尺度―尋と尺の接点をめぐって―」考古学論攷，4，橿原考古学研究所紀要，1980
13) 宮川 徨「前方後円墳築造企画の『基準尺度』について」橿原考古学研究所論集，4，吉川弘文館，1979
14) 註6) 8) 10) 12) 13) および註15) など。
15) 宮川 徨「築造企画からみた前方後円墳群の構成の検討―巨大古墳の出現とその背景―」橿原考古学研究所論集，6，吉川弘文館（近刊予定）

特集 ● 古墳の謎を解剖する

巨大古墳の築造技術

高度な土木技術と多くの労働力を必要としたであろう巨大な前方後円墳は，実際にはどのようにして築造されたのであろうか

誉田山・大山古墳の特徴と土木技術上の分析／構造工学からみた古墳の墳丘／封土の積み方と葺石の敷き方／埴輪の製作と配列の方法

誉田山・大山古墳の特徴と土木技術上の分析―■

橿原考古学研究所所員
堀田 啓一
（ほりた・けいいち）

誉田山，大山古墳に代表される巨大古墳の築造技術は封土，葺石，埴輪などの関係を総合的に考察することが必要である

1 土木工学上よりみた巨大古墳

周知の如く，誉田山古墳（応神陵）や大山古墳（仁徳陵）はわが国独自の墳形たる前方後円墳で，基本的には円墳と方墳を連接させるという土木技術による産物である。それゆえ，前方後円墳は円墳や方墳と異なり平面や立体面において，土木工学上からもかなり高度な土木技術と労働力が必要であって，古墳造営のための基本的設計図が出発点となろう。では誉田山・大山古墳の基本設計図とは，どのようにして作成されたのだろうか。

学史的にみるわが国の研究では，上田宏範[1]，椚国男[2]，筆者ら[3]の成果からして，方形区画の中に各々の基準単位でもって前方後円墳の墳形，周堀，外堤，周庭帯などを割付けて設計図を作成したと考える説。もう一つは梅沢重昭[4]，堅田直[5]の説く円形の連接と構成による築造企画論を展開する，方法論として二つの方向がみられる現状である。今後，これらの築造企画論の発展は，まず前方後円墳の墳丘や外堤の基底線をどこに求めたかを明記し，ついで立体構造物としての段築成などと関連させた研究が必要となろう。

このような現状に対し，土木工学上の立場より巨大前方後円墳の研究をした先駆者は梅原末治[6]

である。梅原は大山古墳の縮尺1,000分の1平面図により，墳丘の土量計算を高橋逸夫に依頼し等高線による断面平均法で割出し，墳丘復原して総土量を 1,405,866m³ と計算した。同様にして計算された誉田山古墳の総土量は，1,433,960m³ となり，後者の墳丘総土量が 28,094m³ も多い結果を示した。このことは墳丘長では大山古墳 486m，誉田山古墳 417m と後者が 69m も短いにもかかわらず，土木工学的には必ずしも一致しないという重要な指摘であった。すなわち，墳丘長だけをもって巨大古墳を語るのではなく，二次元の段階から三次元の段階へと問題を展開させたのであ

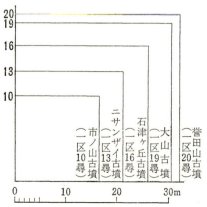

古市・百舌鳥古墳群主要大型古墳の1区のモジュール

る。私たちの共同研究の結果からしても，誉田山古墳は1区20尋，大山古墳は1区19尋[7]となり，わが国最大の前方後円墳は誉田山古墳ということになる（図参照）。梅原末治の第二の業績は，前述の土量計算をもとに古墳造営の工事に関する労力を問題にしたことにある。彼は1人1日の労力を，$1m^3$の土量運搬距離250mと仮定して，大山古墳の全土量に要する人員を1,406,000人に近いものと考え，1日1,000人使役しても4年に近い年月が必要だという。

梅原はこの年月は土量運搬だけの計算で，実際上は墳丘整備など加えるとそれ以上の人員，日数を要すると付加している。この観点から鈴木啓は，福島県亀ヶ森古墳の土量と労働量を計算するに当り，土量を重量に換算し1人1日の運搬量を452.4kgに積算する。亀ヶ森古墳は墳丘と堀を合わせた総面積が大山古墳の19分の1，墳丘築立面積が15分の1あって土運び人夫，床掘，土堤，芝工，石工人など作業細分計算した総計を142,094人と算出し[8]，大山古墳と比較して10分の1という数値を提示している。

このように墳丘・周堀・外堤などに関しての土木工学上の研究は，前方後円墳の築造企画論と相互関係をもたせた研究方向の段階にきている。そこで，封丘のみならず葺石の敷き方，埴輪の配列方法の問題に移ろう。

2 墳丘及び葺石の敷き方と埴輪の配列

巨大前方後円墳の築造を問題とする場合，封土の積み方をはじめ葺石の敷き方，それに埴輪の配列などの関係を総合的に考察することが必要である。しかし，筆者が取り扱う誉田山・大山の二大古墳は，応神と仁徳天皇陵に治定されているため，墳丘や周堀，外堤内に立ち入れないこともあってその実体を観察できないという資料的制約がある。そこで外側からの観察，実測図の検討，他の類似古墳よりの推定によるほか仕方がない。考古学的観点より巨大な前方後円墳の土木技術的問題を解明するには，これら巨大古墳の旧地形の復原による立地環境を把握することが大切である。

誉田山古墳は古市古墳群の中枢部に位置し，前方部を北々西に向け南より北へ半月状に延びる台地上に築造された。前方部北西隅角部が谷状部に当るため，くびれ部にかけて墳丘が大きく崩壊している。これは先に造営されていた二ツ塚古墳を

さけるため，外域の東側を変形させていることからかなり窮屈な位置に築造したのに起因する。

そこで誉田山古墳はどのように築造されたのであろうか。誉田山古墳の平面プランは5区型で，1区20尋の1尋約160cm大尋をもって設計され，その祖形は大和コナベ古墳や摂津太田茶臼山古墳（継体陵）に求めることができる。櫃本誠一は前方後円墳の墳丘解剖調査例を基礎に，後円部第1段は地山を削り，2段と3段は周堀の掘削の土壌をもって積み上げられたとみる。その後，くびれより徐々に前方部を完成したとみる[9]が，前方部に関しての言及には充分な説明がない。次頁の図をみれば明らかな如く，誉田山古墳の墳丘は前方部第1段が地山を2尋掘り下げ4尋積みあげ6尋，後円部は地山を3尋掘り下げ3尋積みあげ6尋で築成される。このことは南の後円部が前方部より1尋約160cmほど高い丘陵上を整形したことがわかる。また，陵墓実測図によると[10]，前方部北西部の墳丘の崩れは，旧地形の大乗川の流路上に墳丘を築成したことに起因するもので，これに対し同じ前方部前端線の段築部の保存はよい。これは幕末の修陵など後世の修築によるものでなく，かなり築造時の原形を残しているものと筆者は理解している。

とくに第1段は墳丘全長を段築傾斜変換線より，前方部が6分の3，後円部が7分の3で墳丘の基底部までをまず完成し，第3段は前方部後円部ともに8分の3で収めている。その後，前方部前端線を決定のため東へ5区，西へ4区半とり隅角部を設定し，後円部のくびれ折線まで完成すると前方部側線は直線で結ぶと第1段ができあがる。この作業を2段3段と継続することにより，徐々に墳丘を完成していったものと思われる。それ故，大山や誉田山古墳のような巨大前方後円墳は，墳丘の基本平面設計図を地山整地上に設定し，周堀部の掘削土で第1段後円部と前方部前端線を完成して後，前方部から後円部方向と後円部とくびれ部から前方部へという，同時平行作業で築造されたとみるのが妥当であろう。墳丘の高さは前方部後円部とも第1段6尋，第2段は前方部6尋と後円部5尋，第3段は頂部の方形区画部を含めての計10尋，後円部は12尋となり，後円部が23尋で前方より1尋高いが，墳丘盛土の側面観は壮大で二上山的様相を呈する。このことからして，前方後円墳の各段築の傾斜面は角度というよりは，

29

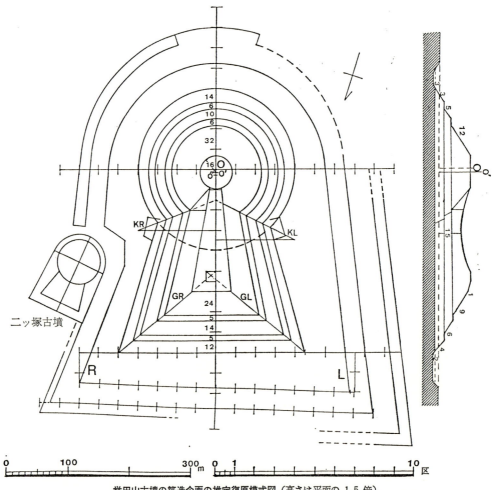

誉田山古墳の築造企画の推定復原模式図（高さは平面の 1.5 倍）
後円部のO点は後円部の中心点，O′点は各段築の中心点（O点より3尋移動）。O″点は後円部周堀円弧の中心点（O点より6尋移動）。数字は各段の幅および高さの尋数を示す。KR，KLは左右のくびれ部折線，GR，GLは左右の前方部隅角線。前方部Rは1.5区，Lは2区，前方部周堀線はRからLに斜行する。断面斜線は旧地表面を示す。〔宮川　徙氏作図協力〕

何尋いって何尋さがりといった方法で実施された可能性が強いことを付記しておきたい。なお，大山古墳は本号掲載の宮川論文に論述されているので，紙数の関係もありそれを参照されたい。

ついで，葺石の敷き方や埴輪の配列の問題に言及するが，葺石は大山古墳，誉田山古墳ともにかなりの数量が使用されているようである。大山古墳では前方部西側がかなり崩れて，葺石が累々としているとのことであり，樋ノ谷と呼ばれる小谷が入り込んでいることによるものであろう。葺石は垂水五色塚の例によると[11]，段築部の根石は立て傾斜面は，礫石を横にして平坦部を少しずつ墳丘傾斜に沿って，せりこませて積み上げ安定性をもたせるように工夫されている。このことからして，葺石の機能は墳丘盛土が築成後に崩壊しないよう土留の役割を果した。

埴輪の配列については，誉田山古墳の一重堀外堤上に露出した部分があり，宮内庁測量図には目じるし[12]がつけてあるらしい。この円筒埴輪列は，私たちの設定した築造企画線上にもよく合致し，他の前方後円墳の実態からみても，各段の犬ばしりや後円頂部の周囲に，円筒埴輪が存在するものと思われる。このように円筒埴輪を数重にめぐらすことは，墳丘上に埋葬された被葬者と葬むる側の者とを画するものである。

巨大古墳の造営が首長権の継承儀礼と考えられるとすれば，円筒埴輪の中でも後円頂部にめぐらし形象埴輪を配置する工事は，死者埋葬後の最終段階の作業といえよう。『古事記』にみる大山古墳の寿陵的性格を考えるとすれば，少なくとも前

方後円墳の3段目までは，被葬者の生前までに完成していた可能性が強い。大和メスリ山古墳では，後円部の副葬石室の構築過程で寿陵的性格の可能性についての記述がみられる[13]。

3 古墳築造の外部施設と土木用具

前方後円墳の築造にあたっての基本命題は，
(1) 前方後円墳の設計図の作成と築造場所の選地作業。
(2) 前方後円墳築造作業（㋑墳丘そのものの造営，㋺古墳に付属の諸遺物の製作，㋩その他，外部施設など）
(3) 古墳築造に用いられた土木用具，その他

以上の如く，少なくとも最低の土木技術上の問題として，(1)から(3)までのことは解明されなければならない。しかし，どれ1つをとってみても容易なことではない。

(1)の段階では造墓作業メンバーの確保をはじめ，墓地の選定後に作業場が設定されよう。詳細は別の機会にゆずるとして，結論だけを述べると大山古墳の作業場は，大山古墳南西部で現在の大阪府立女子大学と白菊高校敷地一帯を，誉田山古墳は古墳南東部の誉田八幡神社敷地一帯を考えている。

(2)の段階で墳丘に関しては前述しているので，墳丘外域について若干の私見を述べると，第1段基底部を築造する段階で周堀作業をするため，外堤と墳丘を結ぶブリッジ遺構を掘り残さねばならず，現在でも周堀内または外堤とその周囲丘陵上に残存する古墳も多い。大山，誉田山古墳では1重堀が完周して残存しないが，造り出し部が造墓ブリッジ遺構の残存部分と考えられる[14]。

(3)では，本号掲載の宮川論文を参照されたいが，前方後円墳の平面図形は大小の尋棒，水糸，直角を割り出すための3:4:5尋の勾股弦の細紐だけで，大山古墳8分の1の大きさの地割図を約5時間で仕上げ，誤差は0.5%以下で成功させている。その他，土砂や石材などの運搬具をはじめ，石加工具や掘削具など鉄製工具類など古墳の副葬品中より想定することができる。

誉田山・大山古墳はわが国を代表する二大前方後円墳であり，古墳の側面観を重視した優美にして巨大な「土の建造物」であるといえる。誉田山古墳は5区型の1区20尋，1尋約160cmの大尋で大和の前方後円墳系譜の最大墳である。一方，大山古墳は8区型の1区19尋，1尋約160cmの大尋で大阪湾に平行して築造された新形式の最大墳で，これら二大古墳の被葬者は『宋書倭国伝』にみられる「倭の五王」の二人であろう。

註
1) 上田宏範『前方後円墳』学生社，1969，『前方後円墳 第二版』同社，1978
2) 榧 国男『古墳の設計』築地書館，1975
3) 石部・田中・宮川・堀田「畿内大形前方後円墳の築造企画について」古代学研究，89，1979
4) 梅沢重昭「毛野の古墳の系譜」考古学ジャーナル，150，1978
5) 堅田 直「前方後円墳の墳丘について—築造の原則—」小林行雄博士古稀記念論文集，平凡社，1982
6) 梅原末治「応神・仁徳・履中三天皇陵の規模と営造」書陵部紀要，5，1955
7) 石部・田中・宮川・堀田「前方後円墳築造企画の基準と単位」考古学ジャーナル，150，1978
8) 鈴木 啓「史跡亀ヶ森古墳の土量と労働量」福大史学，31，1981 土量計算その他で石川昇氏より種種ご協力をうけたので記して感謝します。
9) 樌本誠一「前方後円墳の企画とその実態」考古学ジャーナル，150，1978
10) 末永雅雄『日本の古墳』朝日新聞社，1961
11) 喜谷美宣『史跡五色塚古墳環境整備事業中間報告I』1970 筆者も発掘調査中に実見している。
12) 末永雅雄『古墳の航空大観』学生社，1974の測量図。
この件につき石田茂輔氏よりご教示いただいた。記して感謝します。
13) 伊達宗泰ほか『メスリ山古墳』奈良県史跡名勝天然記念物調査報告第35冊，1977
14) 造り出し部の遺物や石室の存在は，造墓のためのブリッジ遺構の役目を果した後，二義的な意味をもつものと考える。

尋棒
向って右側大尋棒
左側小尋棒

構造工学からみた古墳の墳丘

(株) S.P.G 代表取締役
文化財保存計画協会理事
相原俊弘
(あいはら・としひろ)

巨大古墳の構築技術解明には墳丘の基礎，周溝，版築法などの問題について構造工学からの検討が必要になってきている

　巨大古墳は，ほとんどが平地に設けられている。つまり，平地に莫大な量の土砂をもって築造した構築物といえるわけで，仁徳陵古墳ではその築造土量が約 14万 m^3 にも及び，10年以上の工期を要したと考えられている。このように巨大なものを，多大なエネルギーをかけて設ける以上，そこにはその時代における最先端の構築技術が駆使されたわけで，基本的には，現代における超高層ビルや人工衛星に匹敵するだけのポテンシャルがつぎ込まれたはずである。

　私は，専門が建築の構造計画・設計であって，この見地より古墳や石橋など古い文化財の保存問題に関係してきた。今まで古墳の研究は，主として考古学分野からなされてきたことと，構造や土質の関係者がこの分野に係り合う機会もなかったことから，これらの視点から古墳の墳丘を解明したレポートは，私が古墳に取り組みだした数年前まではほとんどなかった。一方で，古墳そのものに対する歴史や装飾の研究，あるいは文献・書籍などは，古代史ブームと言われる昨今の状況の中で氾濫するほど沢山あったが，これだけの"大型構築物"についての技術情報がないということは，正直いって驚きでもあったし，逆にこのことに取り組んでみようというきっかけにもなった。以来，少しずつ取り組んできて，また，近年工学的分野からの人が多少でてきたので，少しずつ工学的ベールが剝がれつつあるが，未だ不明の点が圧倒的に多いのである。

　古墳の墳丘を，ボーリングや土質試験などを含めた工学調査を行なうと，ただの土塊ではなくて，土木・土質的英知を持って築造された構築物でもあると考えられるようになってきた。

　建築や橋梁を構造物として見ると，居住や人車の通行という目的を保持し続けるために，地震や風雪などもろもろの外的要因からそれ自身を守るよう設計がされている。技術に絶対ということはないから，現在の最先端の構築物でも，時には弱点をさらす事もあるが，それでも技術者は，できるだけ外的要因に打ち勝とうという努力をテーマに対して行なう。建築や土木の構造は，古代から現在にいたるまで，これらの永々とした努力によって造られてきた。一方で古墳の墳丘の役割は，本来の権威を示す意味もあろうが，その形を内外の破壊的要因に対して耐久性能とともに維持すること，第二にその結果として墳丘の内部に設置された石造の内部主体（石室）を地震などの環境から保護することにある。このような役割を持っているものは，土木・建築などと同じく構造物と呼んでいいわけである。

1 墳丘の基礎

　巨大古墳の場合，墳丘の高さもかなりのものとなる。われわれが修理保存を担当した群馬県高崎市の観音山古墳の場合は 12m であり，仁徳陵古墳では最大高さ 30m もある。これだけの高さの土を平地に盛るわけで，地面が受ける載荷土の重量は，土の比重を 1.8 と仮定すると 1m 四方当り 50 トン以上にもなる。一般的な巨大古墳はこの範囲内にあると考えてよいが，これは 12～30 階程度以上の鉄筋コンクリートビルを地面の上に直接置くのと同程度の荷重である。岩盤でも露出していれば別だが，大王の古墳の立地条件ではそのようなところはなく，普通の地面では，これを支えるだけの地耐力はない。このようなところに墳丘を設けると沈下をおこして墳丘形状が保たれないばかりでなく，内部の石室まで影響をおこしてガタガタになってしまう。

　これを防ぐためには技術者として何らかの対応を考えたと思われる。先に述べた観音山古墳の場合は，地表面を掘削して表層の不良土を除去して，1.5m ほど下にある固結した関東ローム層に墳丘を支持させていると考えられる。したがって仁徳陵古墳などの巨大墳も同様な処置を講じている可能性が強い。それにしても 1m 四方に対し 50 トンという重量はかなり大きなものであって，先のローム層より強い固結した砂質土あるいは礫混り

の砂くらいの強度を必要とする。一方で日本各地に点在する巨大古墳の立地条件がすべてにわたってこのように良好な地盤であるとは考えられない。現代の工学的見地からは深く掘って周辺土の押え効果を含めて地耐力を確保する方法などがある。しかしこの方法だと掘削土量が膨大になること，降雨水や湧水の処理対策に困難をきたすことになる。また掘削土を盛土として再使用するにしても一時的な仮置スペースがかなり大きくなるなどの問題があり現実的でない。このようなことから，表土を掘削してもその下部の地盤が余り良好でない場合は，砂利を突き固めるなどの地盤改良地業を行なったのではないかとも推定されるが，そのような観点で巨大古墳の地業を調査した例がないので今のところわからない。今後ぜひこの点の調査を行なう機会を得たいと思う。

2 周溝の役割について

掘削した根伐面（または床付面ともいう）は次の工事にかかるまでの間に降雨による滞水（水たまり）をきたさないよう，周辺に向って水勾配（1対50くらいか）を設けていたと推定している。そうして周囲には，これらの水を特定個所に集めるための側溝が，根伐と同時に設けられたはずで，工事中を通じて，墳丘上の排水をよくするために用いられたと考えるわけである。周溝の意味性は，考古学の立場からもいろいろと位置づけがあると思うが，当初の設置理由は，この工事用の周溝を完了時にわざわざ埋めるのは，当時としては大変だし，むしろ周囲の外部環境から墳丘をへだてるという意味を付加して残したのではないかと考えられるが，いかがなものであろうか。

また古墳の墳丘は，版築によって敷き固められているが，その場合一番破壊を受けやすいのが表層部で，乾燥してボロボロになってきた所に集中豪雨などで洗われると洗掘を起こしてひとたまりもないのである。周溝内の水は，乾期においても，墳丘に一定の水分を供給して版築の含水比を一定に保つ，つまり強度と靭性を確保する役割を果しているとも考えられる。

3 墳丘と版築

基底部の掘削が完了すると，いよいよ所定の寸法に従って墳丘を築造していく。このとき土を5～10cmくらいの厚さで敷き充分に突き固め，層状に積み重ねていく。層と層の間には，砂や粘土を1cmくらいの厚さで薄く敷く場合もある。このようにして作った墳丘の中味の土を版築と呼ぶが，構造工学的に見ると，これがいろいろと面白いのである。

まず版築の用土であるが，これは当然基礎部や周溝を掘削した土と，それだけでは足りずに付近から掘削した土の両方を用いて使うのである。土の中味は土質的には砂質土，粘性土，シルトの3つの成分が混り合っていて，場所によって当然それぞれの比率はバラバラである。ここで墳丘が求められる工学的性能と土質との関係が問題となるのである。砂質土は，ある最適な含水比[1]のもとで敷き固めるとよく締まる。充分締め固めた砂質土は，それ以下の荷重では変形量が微少なので，墳丘に強さと硬さを与えるのに適している。また透水性もよいが，含水比が高くなると，液状化し易く，強度が極端に落ちて崩れやすい。法面に砂質土のみを設けた場合は，降雨ですぐ崩れるのである。

一方粘性土は不透水性で，この点においては砂質土の持つ欠点をカバーできるから墳丘の表層近くに層状に配置すれば不透水性のシェルター（被覆材）として用いることができる。それで砂質土成分の多い土で版築を作る場合は，層中に配置すれば，降雨水が墳丘中に多量に入り込み石室内に入り込んだり，斜面の崩壊を起こしたりする事を防げる。逆に粘性土ばかりになると，敷き固めが不均等になり強度特性は砂質土に比べて弱く，また圧密変形を起こすので盛土の厚さが異なると不同沈下を起こし易いわけである。また乾燥に対しても体積の減少率が大きくひび割れを生じやすい。理想的には砂と粘性土が2対1くらいの割合で混っていると，締め固めによる強度も出るし，また粘土の粘着力が働くので法面の表層に用いても少々の雨などでは崩れなくなる。表土に多く含まれるシルトはいわゆる泥分であって，土質工学的に見ると，粘土や砂質土に対してまったく強度を持っていない。また水に透け易いので，厚く堆積するとヘドロ状となって，地耐力がないから物を載荷すると沈み込んでしまうほどである。したがって墳丘の版築や，基底部の支持層には，余り使いたくないわけである。

ところが一般には，シルトのみ単独であるよりたいてい粘土や砂質土と混ぜ合わさって表土など

として存在しているからこれのみを除去することは難しい。しかし仁徳陵などの巨大古墳では，掘削土量はかなりの量となるから，もしこれを使わないとすると，どこかへ残土として処分しなければならず，また墳丘を作るのに不足する土を余計に他所から運んでこなければならない。そこで，シルトを多く含んだような不良土でも，良好な砂質土や粘性土を混ぜて盛土に使っていたわけで，観音山古墳の使用土の粒子分布における地山ロームと盛土版築の差は，その事を表わしている。

このようにして版築は，時には少量ずつ混ぜ合わせて，主として砂質土と粘性土を交互に重ねながら，水の浸透性と保水性または版築全体に勾配を設ける事によって排水性を良好に保つように築かれている。このようにしてていねいに5～10cmの厚さで敷き固められた版築は，1,500年以上もの経年による圧密も加わって，もとの土とは比べものにならないほど硬くなっている。観音山古墳の版築強度（一軸圧縮値）は，通常存在する硬いロームの4～5倍に増えていたのである（表参照）。また地山のロームに含まれている大きめの礫を除去して締め固め易くして用いるなど，きめ細かい配慮もされているから表面部が樹木などによって風化しても，全体的には1,500年以上の経年にも耐えるのである。

版築の例　群馬県観音山古墳

現代の土木工学においてもこの方法は，土の敷き固め方法として，アースダムや高速道路の基盤構造に生きている。また建築の分野においても，基礎下の地業改良工法として用いられる事がある。ただし現代の工法は土木建築とも経済的な見地から，一層の厚さが30cmくらいと厚く，かつ機械による締め固めなので，過転圧や弛みを局部的に生じ，でき上り状況が均一でなく性能にムラができやすい。この点では古代の版築の方が少しずつ，手仕事でていねいに施工しているせいかはるかに性能がよい。

4 墳丘法面について

墳丘の角度は，意匠的な見地が中心となって設計されていると一般的には考えられている。通常25～26度くらいの勾配が多いが，五寸勾配（2対1）と考えてよいであろう。この勾配は設計および法面施工がしやすい角度でもある。また構造的に見るとこの角度は，安息角つまり，外的な力を受けない限り崩れない最大角より少しゆるやかで，崩壊に対し特別の処置を必要としない安全率を持っている。それでも，仁徳陵古墳のように30m

観音山古墳の版築と地山の土質試験

地　　点	S—1	S—2	S—3
深　　度　(m)	0～0.30	0.30～0.70	3.50～4.20
土質区分	盛土(版築)	盛土(版築)	ローム(地山土)
比　　重　(G)	2.76	2.74	2.75
粒度　礫分 (%)	8.0	9.0	25.0
粒度　砂分 (%)	41.0	41.0	36.0
粒度　シルト分 (%)	35.0	38.0	23.0
粒度　粘土分 (%)	16.0	12.0	16.0
粒度　最大径 (mm)	19.1	19.1	38.1
粒度　60% 径 (mm)	0.12	0.14	0.29
粒度　10% 径 (mm)	0.0021	0.0034	0.002
三角座標による分類	ローム	ローム	粘土質ローム
コンシステンシス[5] 液性限界 LL[2] (%)	73	71	53
コンシステンシス[5] 塑性限界 PL[3] (%)	51	49	36
コンシステンシス[5] 塑性指数[4] Ip	22	22	17
自然状態 含水比 e	47.6	50.9	43.4
自然状態 間隙比[6]	1.377	1.449	1.256
自然状態 湿潤単位体積重量比 (g/cm³)	1.713	1.689	1.748
自然状態 飽和度[7] S (%)	95.4	96.2	95.0
一軸圧縮強度	5.10, 6.60	4.05, 4.95	1.70, 3.00

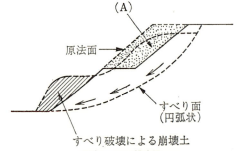

円弧すべりの模式図
円弧すべりとは法面の一部または全部が降雨や地震などによって，円弧状の破面にそってすべり，破壊を起すことをいう。(A)の部分を除去するとすべりに対する安全率が増大し安定する。

近い高さで積み上げる場合は，二段築成あるいは三段築成などにして，途中に水平部分を設けている。これは，角度そのものが安息角以内であったにしても，高さが大きい場合，法面全体の円弧すべり破壊防止に非常に役立っている。現代でも斜面の防災工事に当って段切り工法として使われているのが理解されよう。これは当然土質や地山との関係によって，許容角度も変ってくるので，個個の古墳をこういう見地で今後検討する必要があると考えている。最後に葺石は，墳丘表面が集中豪雨や温度変化などによって破壊されるのを防ぐ目的も大いにあったと考えてよいと思う。

さらに石室まわりの墳丘は，石室保護のためにきめ細かい地業がほどこされているが，今回の記述からはスペースの関係上ふれない。

5 墳丘構造学のススメ

以上に述べた如く，古墳の墳丘は，全体的にもまた部分的にも，構造的な配慮を持って築造された構築物と見なす事ができると思われるが，未だこの視点での調査例が非常に少ないので明確な位置づけをするのが時期早尚である。現在まで私が修理保存を担当した2，3の例を除いて皆無であると言って過言ではない。そこで今後墳丘の調査を行なうに当っては，考古学的分野ばかりでなく，構造的分野からの調査が必要であると提案する。少なくとも墳丘のボーリング試験や，各種土質試験を併行して行なうべきと思う。

またこれだけの構築物を作るには，工事の発注者である豪族が人夫を寄せ集めるだけでは当然できないわけで，設計者，あるいは土質などの問題が定性的に理解できる専門技術者集団が存在したと考えるのが自然であり，これらの技術者が当時どのような活動をしていたのか，バックグラウンドを考える事は非常に意義がある。考古学の分野からも取り組んでほしいと思う。

最後に考古学者の一部には，墳丘にトレンチを入れたまま放置し，あるいは簡単な埋め戻しのみを行なって，版築を風化・損壊させている例があり，非常に残念な事である。今後このような問題を起こさず，むしろ文化財としての古墳をより幅広い視点から位置づけるためには，われわれ構造家も含めた，科学的プロジェクトチームを結成して調査を行なう必要があると痛感する次第である。

註
1) ある一定のエネルギーを土に加えて含水量を変えながら締め固めをすると，密度と含水比の曲線にはピークがみられる。このピーク時の含水比を最適含水比という。つまりこの含水比で締め固めれば土が一番よく締まり，強い版築ができることになる。これ以上，または以下の含水比で締め固めても最適含水比での締め固めには及ばないのである。なお最適含水比は土の成分によって異なる値をもつ。

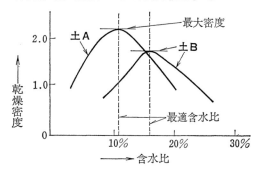

2) 土が多量の含水比をもって本来の塑性状態から液状化状態へと変っていく直前の含水比をいう。墳丘の法面が降雨によってこれ以上になると崩れる。

3) 土の中の含水比を減らしていった場合もろくなり，き裂を生じやすくなるが，この限界の含水比をいう。乾燥によってこの値以下になると版築もぼろぼろになる。

4) 土が塑性状を示す含水比の範囲をいい，液性限界 LL から塑性限界 PL を引いたものをいう。砂ではゼロ，粘土で50％前後，シルトで10％くらいとなる。粘土及びシルトではこの値が大きいほど良好な土といえる。

5) 粘性土について流動や変形に対する抵抗を表わすものと考えてよく，その量はコンシステンシー指数 Ic として，液性限界 LL，含水比 e，塑性指数 Ip とから表わされる。すなわち，

$$Ic = \frac{LL-e}{Ip} = (LL-e)/Ip$$

Ic≒1 であれば安定した地盤といえ，Ic<0 で不安定土となる。観音山古墳の版築土は S-1, S-2 サンプルについてほぼ Ic=1 となり良好なことがわかる。また S-3 も Ic>0.5 で安定状態である。

6) 土の中に含まれる水と空気の土に対する比率をいう。値が小さければよく締まっていることになり，やわらかい粘土で 1.5〜2.5 の値を示す。

7) 土の間隙中水の占める割合をいい，水面下では100％となる。飽和の度合で沈下性状が異なる。

8) S-1, S-2 では S-3 に比して砂分とシルト分が多く礫分が少ない。つまり，盛土は地山土のロームから礫径の大きいのを除去して，それにシルトと砂で構成される表土を混ぜたものと考えられるのである。表土が版築用土として処理されている事をウラ付けるものといえる。

封土の積み方と葺石の敷き方 — 泉森 皎
(いずもり・こう)

橿原考古学研究所調査課長

従来墳丘(封土)の構築法と葺石の施工方法について論じられたものは少ないが，ここに具体例をあげて検討を加えてみる

1 封土と葺石

封土，あるいは葺石などの用語はわれわれ考古学を行なっているものの間だけで通用するためか，一般の国語辞典などにはその項目はない。「封土」は土地の境界に土を盛ることから古墳の墳丘の盛り上げられた土砂をいい，「葺石」は墳丘の斜面部を礫でおおった施設や礫そのものを示している[1]。葺石の目的については急傾斜面の土砂くずれを防止するという実用的な面からと，大陸や朝鮮半島にみられる積石塚との外観上の共通性を求めたとの意見がある。

2 研究史抄

従来の古墳の研究は，立地，墳形，埋葬施設，遺物などの研究が中心であって，墳丘の構築法や葺石の施工方法について，広く類例を求め研究を進めたものは少ない。このような中で丘尾を切断して墳丘を構築した古墳に，丘陵の自然地形をそのまま利用し，後円部の裾まわりなど，墳丘の化粧程度に盛土が施されている古墳が前期古墳に多いことが指摘されている[2]。また墳丘の築成方法を細かく観察して論じたものに斎藤忠博士の研究がある[3]。斎藤博士は墳丘に必要な盛り土は，①近くの山から採土した。②一定の平地から掘りとってその跡は池溝として灌漑に利用した。③墳丘にあたる地域の輪郭を掘り，その土を盛りあげ，周囲の掘ったあとは周濠にした。④丘尾切断の場合は切断した部分の土砂で盛り土とした。など具体的に封土はどこから求められたかを考察しておられる。また③の周濠を作るため掘った土砂と，墳丘の盛り土は等量であったかの問題については，周濠の土量1に対し，墳丘体積が2.1倍であることが沼津長塚古墳の例によって示されている。

盛り土の築成についても土砂を水平に壇築することが普通であるとして岐阜県矢道長塚古墳以下5基の古墳の類例を示されている。また福井県丸山塚の白色粘土塊に籠目痕跡がみられたことから粘土塊を籠に入れて運搬したのではないかと用具の問題にまで注意しておられる。

茂木雅博氏は，墳墓の封土発生の問題に関連させて古式古墳の墳丘構築論を述べられた[4]。とくに方形周溝墓の封土の存在を検討し，宇津木向原遺跡や須和間遺跡に墳丘覆土が存在したことを論じられた。方形周溝墓から前方後円墳に至る墳丘封土の変遷を5段階に分類している。また同氏には埋葬施設の構築方法，とくに墳丘構築のどの段階で墓壙が掘られているかを解明することによって寿陵であるか否かを論じた労作がある[5]。

定形化した古墳出現以前の墓制を追求する近藤義郎氏は，その流れを方形周溝墓，方形台状墓(台状墓)，墳丘墓と変遷したとみて，方形周溝墓は四方の穿溝によって墓域を画し，方形台状墓は周囲を削り出して墓域を画した。墳丘墓がおもに盛り土によって墓域を画して形成したと弥生時代から古墳時代にかけての墓域のあり方が，溝掘り，削り出し，盛り土と，それらの組み合わせによってなっていることを明快に論じている[6]。

3 墳丘築成のあり方について

次に発掘資料によって，墳形ごとに墳丘築成のあり方を検討してみよう。

(1) 前方後円墳

弁天山C1号墳[7] 墳丘全面を発掘調査した代表的な前期古墳であるが，丘陵の頂上部を巧みに削り出し，後円部の一部のみに盛り土が施されて，築成されている。後円部前面の墳頂部下のⅠ段目は中央の墓壙側に低く，周囲を高くするような形で盛り土し，ややすり鉢状にしたのち中央部を覆ったようである。各土層の厚みも周辺が厚く，中央に行くにしたがい薄くなっている。この傾向は前方部前面のⅡ段部分にもみられる。また後円部の盛り土は墳丘裾から実施したわけでなく，もっとも盛り土が行なわれている後円部頂上付近を中心に作業を行なっていて，墳頂下第Ⅰ段目の傾斜面を順次盛り土を行ない，次にⅡ段目以下の地山

整形とⅠ段目の外面を覆うように傾斜面にそった盛り土を行なってⅡ段目の基部を作り，再び傾斜面にそってⅠ段目の上面からⅡ段目にかけて盛り土を行ない，最後にⅠ段目の化粧仕上げを行なって，葺石作業に移行している。

これをみると，地山削り出しによって大きく手を加える必要のあった頂上部を第1段階に，第2段階では第Ⅰ～Ⅱ段にかけて傾斜面の築成，さらに第3段階は不足部分の化粧仕上げと，3回の工事過程のあったことが知られよう。

三昧塚古墳[8]　関東地方の中期後半の前方後円墳であるが，土取工事によって墳丘が縦に切断された時の観察記録がある。墳丘の主要部分は3段の層序をもち，最下層の基壇部はやや明るい褐色砂層が平均2m，その上部には1.8mの褐色砂層が1層目よりもやや小さく段築状にする。その上には厚み1.2mの黒褐色砂層を置き，さらに後円部の頂上から傾斜面にかけてと，前方部の先端にかけて黒褐色の砂質土で覆っている。最上層の盛り土は2～3mの厚みをもつ。以上の報告からみると下の3層分はいずれも水平積みで，第4層目だけが墳丘を整えるため傾斜面に合わせて盛り土を行なっている。また前方部と後円部の盛り土に区分がなく，一体となって工事が進んだようである。

南阿田大塚山古墳[8]　奈良県五条市にある全長30mの小型の帆立貝式古墳である。埋葬施設は結晶片岩の板石を積みあげた持ち送りの急な横穴式石室である。丘陵の傾斜面を巧みに使い，地山を整形した核を作り，その周囲を整形するような形で，赤褐色の粘質土を厚み40cm前後に3層積み上げ，いずれも外に向って傾斜させる。これは第1次墳丘と呼ぶべき下部遺構で，この裾部には結晶片岩の板石列が護石のような形でめぐっていて，その先端はくびれ部から前方部築成土内にもぐっている。前方部は後円部第2次墳丘とほぼ同じ土層で覆われており，後円部の石室が構築され，天井石が架けられた時点で後円部の仕上げが行なわれ，前方部が付加されたことが判明した。後円部や前方部の第2次墳丘の裾部にも板石列が認められ，標石（地割石）ではないかと考えられる。

（2）円墳と方墳

岩谷古墳[10]　山口県下関市大字椋野に所在した横穴式石室墳で，石室の移転が必要になったため全面調査が実施された。直径13.6m内外の円墳であるが，地山を掘り下げた墓壙内に，石室を構築しながら水平に薄く盛り土を行なっている。石室の天井石を覆った時点から断面レンズ状に，赤褐色粘質土や黄褐色土を互層に積み，その上に黄灰色の粘土を厚くかぶせている。これは第1次墳丘

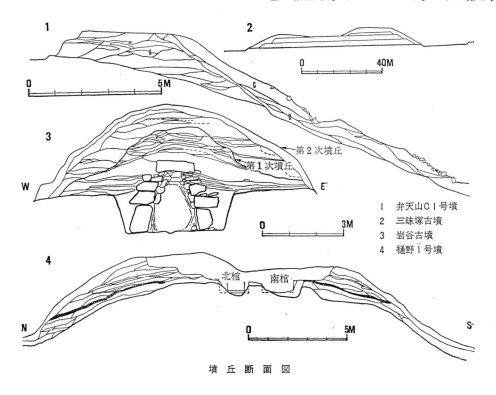

1	弁天山CⅠ号墳
2	三昧塚古墳
3	岩谷古墳
4	樋野1号墳

墳丘断面図

と呼べるもので平面は長方形を呈している。この上に再び水平に盛り土がなされて第2次墳丘を築き、表面の凹凸は赤褐色土を置いて化粧を行なっている。横穴式石室の構築を行なうためにも第1次と第2次に墳丘をわけて築き、その間、封土上に須恵器の甕を置いて祭祀が取り行なわれている。

樋野1号墳[11] 奈良県御所市樋野に所在した径16.5mの円墳で、主体部は木棺2基を直葬したものであった。墳丘の中心部に地山を整形した10×7mの平坦地を作り、その高さ0.5mまで黄褐色土や礫の混入した白褐色土を交互に積み、その上に黒色の腐植土が覆っている。これは長期間墳丘築成を中断したためのもので雑草などがおい繁ったものと考えられる。その後、第1次墳丘の傾斜面と一致するように厚み20cm前後の3種類の盛り土が交互に2.15m余り行なわれている。墓壙の肩部と腐植土面が一致していることから、第1次墳丘とみられるものはかなり早い時点に築かれていたと考えられる。

野中古墳[12] 大阪府藤井寺市野中に所在する一辺28mの方墳。墳丘を切断して断面観察を行なったものでないが、各トレンチの観察の結果次のようなことが判明している。これは墳頂部の東南隅で発見されたもので、地表下1.1mの地点に黄褐色の粘土が広く敷きつめられたものが確認されている。方形墳の隅角部の土砂の流出を防ぐための補強工法の一つであると解釈されている。

（3）その他

(1),(2)において各古墳の封土のあり方を観察してきたが、終末期の墳丘築成の特色の一つに版築と呼ばれるものがある。墳丘全体を粘土、砂質土などを薄く積み上げたもので、しかも各層は一層ごとに径5cm前後の突き棒で硬くつきかためている。各土層をせき板などで固定してからつきかためるため版築と呼ばれている。飛鳥地方の終末期古墳に主に用いられており、その代表は牽牛子塚古墳や、高松塚古墳である。

4 葺石のあり方について

古墳の葺石のあり方をもっとも明確にしたものは神戸市の五色塚古墳である。整備事業に伴う発掘調査で上・中・下段に築成された墳丘とその斜面を覆う葺石の状態が明らかになった[13]。下段の斜面には小さな石を葺き、中・上段には大ぶりの石を葺いている。葺石の総数223万個、総重量2,754トンと推定されている。五色塚古墳の葺石は花崗閃緑岩が最も多く、黒雲母花崗岩やサヌカイトが若干含まれている。下段の礫は付近の河川や海岸から、他は淡路島から運ばれたと考えられている[14]。また大山古墳では葺石の総量を、

（表面積）104,130×（厚）0.25＝26,033m³

と推定している。石材は後円部の一部は和泉砂岩、前方部の一部は花崗岩であると判明しており、大津川、石津川、石川などから採集されたと考えられている[15]。

葺石の施工方法については弁天山C1号墳における観察に詳しい[16]。3段に葺石を配しているが、葺石を置くに際して地山を削り、裏込めしながら葺きあげたとみられ、いずれも小口積にされている。葺石の下端は大きい石を撰んだ基石列があり、その上に小形の石材を置くことを基本とするが、基石列はいくらかの単位で区切れることが確認されている。工事分担によって生じたものであろうか。

註
1) 水野清一・小林行雄編『図解考古学辞典』東京創元社、1959
2) 末永雅雄「占地による前方後円墳の形式分類」関西大学『文学論集』創立70周年記念特輯、1955
3) 斎藤 忠『日本古墳の研究』吉川弘文館、1961
4) 茂木雅博「古式古墳墳丘構築論」古代学研究、52、1968
5) 茂木雅博「寿陵試論」古代学研究、91、1979
6) 近藤義郎「古墳以前の墳丘墓」岡山大学文学部学術紀要、37、1977
7) 原口正三・西谷 正「弁天山C1号墳」弁天山古墳群の調査、1967
8) 後藤守一・斎藤 忠『三昧塚古墳』茨城県教育委員会、1960
9) 泉森 皎「南阿田大塚山古墳発掘調査概報」奈良県遺跡調査概報―1980年度、奈良県立橿原考古学研究所、1982
10) 金関 恕・置田雅昭『下関市岩谷古墳発掘調査報告』山口県教育委員会、1972
11) 泉森 皎『御所市樋野古墳群』御所市教育委員会、1980
12) 北野耕平『河内野中古墳の研究』大阪大学、1976
13) 神戸市教育委員会『史跡五色塚古墳』1975
14) 『日本書紀』神功摂政元年二月の条に「播磨に詣りて山陵を赤石に興つ。仍りて船を編みて淡路嶋にわたして、其の嶋の石を運びて造る」とみえる。
15) 梅原末治「応神・仁徳・履仲三天皇陵の規模と営造」書陵部紀要、5、1955
16) 註7)に同じ

埴輪の製作と配列の方法

明治大学教授
大塚初重
（おおつか・はつしげ）

古墳の墳頂部・中段部，裾部・周堀の中堤上などに立てめぐ
らされた埴輪を配列する方法は時代の新旧によって変化した

1 埴輪の特質

　埴輪は埴土すなわち粘土を原料として，人物・動物をはじめ，家・舟その他武器・武具などをかたどって焼成された。酸化焔焼成であったために，素焼で黄褐色や茶褐色を呈している。中には須恵器を思わせるような堅く焼き締った灰色の埴輪もみとめられる。

　埴輪は古墳の墳頂部・中段部あるいは裾部・周堀の中堤上などにたてめぐらされた。埴輪の起源や消滅の問題，さらには編年論などは基本的な重要課題であるが，本稿は製作の問題を扱うので，あえて触れることをしない。わが国の古代，とくに古墳時代の各地の有力古墳に埴輪が立てられている。前期古墳から後期古墳まで，とくに後期では7世紀前半代で消滅していく。埴輪の出現時期と消滅時期については，地域によって若干の差がみとめられる。近畿地方においてはほぼ6世紀代をもって埴輪は製作されなくなったと考えられているが，関東地方などでは7世紀前半期まで用いられていたと思われる。また関東の埴輪消滅と前方後円墳消滅の時期は，ほぼ連動した動きとして理解できるであろう。

　埴輪は古墳祭祀の実態を表現する例として，さまざまな祭祀の形式や意味づけが行なわれているが，時には膨大な量の埴輪が必要であった。巨大な墳丘に幾重にもたてられた垣根状の円筒埴輪列は，厳重な墓域の輪廓を示すものであり，神聖な王者の墓をより荘厳化させるものであったと推測される。

　大山古墳（仁徳陵古墳）の墳丘と周堀の中堤にめぐっている円筒埴輪の総数を，梅原末治博士らは約23,000本と推定されている[1]。この数量に著しい変化がないとすれば，その製作工程の組織編成，原料粘土の採掘と保管，膨大な燃料の確保，製作品の運搬など，専門的な技術の継承とともにわれわれの推測をはるかに凌ぐ大規模な埴輪製作が展開されたと思われる。

2 埴輪製作の実態

　埴輪製作を示す実際的な遺構として，窯址・工房址・工人たちの住居址・粘土採掘坑址・集積場・捨場などが揃って発掘されたのは茨城県勝田市馬渡遺跡で，現在，国史跡に指定されている[2]。馬渡遺跡の窯址は谷を望む台地の緩傾斜面に立地する「登り窯」の構造をもっている窖窯であった。この窯の構造は，近畿で5世紀中頃前後に開始された須恵器窯と形態・構造とも同一であったから，埴輪製作にも新しい窯構造が採用され，各地へ普及していくのは，5世紀後半に入ってからではないかと思われる。

　4～5世紀代の前期古墳から出土する埴輪には，焼成上の特徴として，器面に黒斑が遺る場合があり，窖窯ではなく野窯ともいうべきオープンな素掘り穴の中で野焼きしたものと思われる。「登り窯」登場以前の埴輪窯址については，現在までのところ学術調査がなされた明確な例がない。しかし，全国各地の前期古墳から出土している円筒埴輪・器材埴輪の中には，造型上すぐれたものもあり，奈良県メスリ山古墳の円筒埴輪などは，高さ2mを超える大形の例があり[3]，また，奈良県日葉酢媛陵古墳出土のきぬがさ形埴輪[4]の造型などを見ると，4世紀後半代の埴輪製作技術の水準の高かったことを知るのである。

3 埴輪窯址の立地

　埴輪窯址は台地の緩い傾斜面を利用して構築される場合が多い。茨城県常陸太田市太田山遺跡[5]，勝田市馬渡遺跡などでは，前者はやや低い丘陵の斜面に，後者は台地を侵蝕した幅の狭い谷を望む傾斜地に築窯されている。また埼玉県鴻巣市生出塚遺跡[6]などは元荒川に面する標高19mの低い台地の傾斜面に立地している。こうした立地条件は，埴輪窯が炊口部を下位にして，傾斜地上位へ向って窯底を傾斜させて築窯するために必要なことであった。炊口部の下方には灰原がみとめられ

るのが一般的である。木炭・灰あるいは埴輪片などを窯からかき出して捨てる必要があった。したがって炊口部から手前の部分は，さらに傾斜していることが望まれたのであろう。茨城県馬渡遺跡の場合では，4地点に分かれて分布する19基の埴輪窯址も，些細に検討すると立地に多少の変化のあることに気がつく。多くは台地上面に近い位置に煙り出しの部分，つまり窯尻部分を設けるように立地するが，中には台地の中位に窯尻を設ける場合があり，その窯を廃棄した後に，さらに上位に築窯していることが判明している。埴輪窯の立地については，その地域の操業上と地形上の諸条件とが加わって決められたものと思われる。

4 埴輪窯の構造

　これまでに全国で埴輪製作窯址は約50遺跡が発見され，窯址数では約100例が知られている。須恵器窯址の調査数と比較してきわめて少数である。埴輪窯址には大別して2種類がある。窯底をトンネル状に深く掘り込んだ地下式登り窯と称する一群と，地上から浅く掘り込んで半地下式登り窯を形成する一群である。地下式は窯の本体である燃焼部と焼成部の天井が完全に地下にある形式で，初めにおそらく灰原部分を深く大きく掘り込み，そこから斜め上方にトンネル状の窯を掘り抜いたものであった。半地下式は上方から台地の傾斜面にU字形に掘り下げて窯底とし，後から天井部を造り加えて窯体としたものである。

　この両形式の窯は同一遺跡の同一地点に共存する場合がある。例えば馬渡遺跡のB地点では，2～3mの距離をおいて両形式の窯が並んでいる。焼成する埴輪の種類によって，窯が選択されることがあったのではなかろうか。半地下式の窯においても，その窯底が階段状に施設されていたり，円筒破片が焼台として用いられていた点を考えると，大型の埴輪を，半地下式の場合でも窯底に横位・縦位に寝かせて窯入れしたことも，十分にありえたことであったろう。馬渡遺跡A地点の第1号窯址は半地下式であるが，窯底に馬形埴輪1頭が倒れて，ほぼ完存していた。この馬形埴輪を立てると，窯の天井部を超える高さがあり，横に倒して焼成したと推測される。埴輪窯の平面形は，一般的には長楕円形であり，焼成室部分の幅，高さとも最大の法量を示している。

　全国で発掘された埴輪窯の中で，特殊な構造をもった例として注目されるのは，馬渡遺跡A地点の第6号窯址である。半地下式の無段登り窯であるが，この窯址の窯壁に沿って直径10cm未満のコナラの丸太材が打ち込まれ，さらに天井部にも同じ丸太材が横に架構されていた状態が確認されている。それは，あたかも炭坑の坑道施設を思わせるような丸太組み構造であり，窯壁・天井部の強力な支えであったように推測される。馬渡遺跡で発見された他の18基の窯址には，こうした施設は認められていないから，きわめて特殊な構造の埴輪窯であったと思われる。窯底の傾斜角度，平面形態，規模などは他例とほとんど変化なく，馬渡遺跡における最終段階の窯として，現段階では技術的水準を物語るものとして理解しておきたい。

5 工房址と粘土採掘坑

　窯場の近くに工房があり，さらに工房周辺の地域から原料粘土が採掘され，運び込まれたと考えることは正しい。やはり埴輪製作のための好条件が揃っていなければ，操業は断念せざるをえなかったであろう。かつて森本六爾氏は，東京都大田区下沼部の長方形竪穴例を，小数の埴輪工人の零細な生活内容を示すものとして理解された[7]。床面から発見されたわずかな円筒埴輪片や，規模の小さい竪穴が，2～3名の小人数のわびしい埴輪づくりを証していると考えた。

　馬渡遺跡の調査で10数個の工房址や数軒の工人住居址を発見したが，東国の埴輪製作の実態は，単に一遺跡の埴輪窯址の数によってのみ，大規模な埴輪製作が行なわれていたと簡単に考えることはできない。埴輪製作が活潑であったのか，細々としたわびしいたたずまいであったのかは，われわれは先入観念で捉えすぎる傾向がある。現在までのところ，窯址の発見数は多くなりつつあるが，それと有機的関係で把握できる工房址などの調査例が極めて少なく，十分な考察を加えることが困難である。

　馬渡遺跡の工房址群は，窯址に接した平坦な台地上に位置しており，さらに工房址群の北側に接して50～60mの範囲内に粘土採掘坑が展開している。粘土を採掘し廃棄した採掘坑の中に，多くの埴輪片や粘土屑，土師器などが投棄されていた。採掘坑が埋没した後に，同じ場所に再び工房が設けられる場合もある。

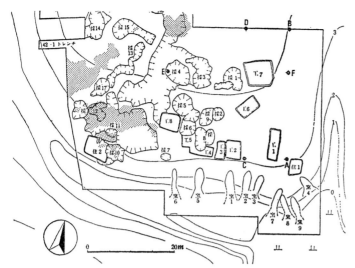

茨城県馬渡遺跡A地点の遺構配置図

　工房址の床面には粘土屑が張りつき，竪穴の隅には，20cm ほどの深さに窪みをつくり，そこに純良な白色粘土が山積みされている。工房址の中には，埴輪に丹彩するための赤色顔料を床面に高さ5～6cmに遺している例もあった。工房址の大きさからいって，一工房で作業可能な工人数は，平均的には2名前後であったと推測される。円筒埴輪・人物埴輪のいずれの製作であったとしても，粘土をこね上げ彫塑作業に入ったとすれば，工房内での1個の埴輪を中心に平均的な工人の動く範囲は，径約 2m 以内と考えるべきであろう。実際はもう少し小範囲と推測するが，長辺が5m前後，短辺が3m前後の長方形プランの工房址が多いので，同時に働く工人は2名前後という数が想定されるのである。

　馬渡遺跡の多くの工房址から1個もしくは2個の土師器の杯や埦が発見され，土器の中に1本の鉄製刀子が遺されている例が多かった。この刀子は埴輪製作の用具と考えられ，目・口を始め，円筒の穿孔などに多用されたものであろう。工房址の床面には炉址がみとめられる。一方の壁に偏する場合が多く，作業中の暖房用のものであろうか。

　工房址群に接して粘土採掘坑群が存在している。これまでの調査でもっとも明瞭に確認されたのは馬渡遺跡である。深さ 1.5～2m，直径 4～5m の規模をもつ円形坑をはじめ，楕円形あるいは勾玉形に弧を描く形態など，不整形が多く一定の掘削プランがあったとは思われない。坑底から土師器の杯が出土したりするので，粘土採掘中の水飲み用のものではなかったかと思われる。また埴輪片の出土もあり，廃棄後の坑内に投げ捨てたものであろう。馬渡遺跡における採掘坑の数と規模から考えると，その粘土量は膨大なものとなる。A地点の9基の埴輪窯址に対して 20 ヵ所近くの粘土採掘坑が存在しており，B・C・Dという他の3地点では採掘坑がほとんど発見されず，A地点の粘土が，他の窯場に供給された可能性が強いように思われる。

6 埴輪の製作

　埴輪製作の基本は円筒部である。つまり円筒形埴輪がすべての埴輪の基礎になっているということである。一般的には幅2cm 前後の粘土紐を輪積みにしたり，部分によっては巻き上げて円筒部をつくり上げた。人物埴輪や動物埴輪の造型も，すべてこの円筒埴輪の製作技法が根本である。胴部も頭部の成形も同様であり，腕は同様の技法で別づくりされ，両肩部の孔に挿入された。円筒部あるいはその他の部分にせよ，成形した粘土紐の継ぎ目がのこるため，埴輪の内外面を刷毛目調整，手もしくは布などによるナデ調整，ヘラ削り調整と叩目調整などがおこなわれている。円筒埴輪では内外面の器面調整に縦・横方向，時には斜方向の刷毛目がつけられる。これは焦がした程度に焼いた杉板材などで器面を擦ると，残った木の年輪が刷毛目状に，あるいは櫛目状のやや粗い調整痕として残るものであった。最初の器面調整が終了後に，より強固とするために幅 2～3cm の数段の凸帯が貼りつけられる。これは円筒埴輪の内面に指を押し当て，器面に粘土紐に加圧しながら接着し，その上下を指で押えながらナデつけるものであった。したがって円筒部の内側には指頭による圧痕が顕著にのこる場合がある。

　円筒埴輪の大型の例は前述した奈良県メスリ山古墳の場合で，高さ 2.42m，円筒基部の直径 90cm，口縁部径 1.31m で，凸帯数が7段である。東国においても茨城県玉里舟塚古墳[8]では，6段と7段凸帯が，埼玉県稲荷山古墳[9]から6段凸帯が，また埼玉県鴻巣市生出塚埴輪窯址からは8段凸帯の円筒埴輪が発見されている。これらはいずれも高さが 1m 前後の大型円筒埴輪である。

41

家形埴輪をはじめ器材埴輪なども，基本的には円筒埴輪の製作と変わらない。ただ器材埴輪の靫には製作手法上2形式があり，「円筒部に翼となる粘土板をT字型に当てて」貼りつける「T字型貼りつけ式」と，「円筒部に切り抜き部分をつくり，粘土板をさし込む」方式の「埋め込み式」とが報告されている[10]。形象埴輪の中でも，とくに人物埴輪や馬形埴輪などの付属品，たとえば耳飾り・頸飾り，あるいは馬具などは，二次的に貼りつけられるもので，墳丘に立て並べてからの剥落も早かったと思われる。

形象埴輪は一般的に下部から上部へという順序で製作されたと思われる。人物埴輪の場合では円筒形の下台の上に輪積み成形した腰部から，胴部さらに頭部へと彫塑された。やや平面化する顔面は別づくりをして，円筒状の頭部と接合している。

茨城県玉里舟塚古墳や勝田市馬渡遺跡，あるいは群馬県塚廻り4号墳などには，人物の上半身と下半身とを別々に製作し，両者をはめ込み式とする製作上きわめて合理的な方法が採用されている。

採掘した粘土を揑ね，彫塑が完了すると，季節や埴輪の大きさと種類によって多少の差はあるとしても，1週間ないし10日前後の乾燥期間があったものと推測される。おそらく工房址の中で日蔭げ干しにされ，その後に窯入れが行なわれた。埴輪の焼成温度は 800〜900 度前後と思われ，ほぼ1日を費やして焼成されたものと推測する。

7 埴輪の運搬と配列の方法

製作地から埴輪がどのような方法で運び出されたのか実証はできない。とくに埴輪の供給先について，近距離の古墳は当然予測できるし，埴輪の比較によって実証しうる。茨城県内では，まだ3遺跡しか埴輪窯址が調査されておらず，直径 10 数 km という供給圏の予測[11]があるが，埼玉県の深谷・鴻巣地方を中心とした地域では 10 遺跡以上が確認されていて，径 3km 前後という狭い供給圏が考えられている。大阪府羽曳野市誉田白鳥遺跡で製作された埴輪が，古市古墳群の南グループに属する蕃上山古墳，墓山古墳，はさみ塚古墳などで発見され，また北方の土師の里遺跡で製作された埴輪が，北グループの誉田山・二ッ塚・栗塚・アリ山古墳などに供給されており，5〜6世紀における大王陵とその周辺古墳群に対する埴輪の「集中的な生産体制」[12]が考えられる。埴輪の運搬には陸路を人力に頼ったほかに，河川を利用した大量輸送手段も採用されていたと推定されている。

埴輪を古墳に配列する方法は，時代の新旧によって変化した。墳頂部に円形・方形に円筒をめぐらすほか，家・楯・靫・蓋などの埴輪が置かれ，それらの配列はさまざまな古墳祭祀の再現行為と推測されている。中段・裾部や周堀の中堤・外堤あるいは外堤外に別区を設け埴輪を配列する場合もある。また茨城県三昧塚，千葉県殿塚・姫塚古墳が代表例のように，馬を先頭とする数十体の人物埴輪群は，横穴式石室が開口していない北側のみに配列され，墳丘南側には円筒列のみという場合もある。埴輪円筒を立てるために，あらかじめ深さ 10cm 前後の基部埋め込み用の浅い円形窪穴を掘った玉里舟塚例もあり，墳丘面に何の施設もせず置いただけの場合もある。

埴輪の配列は墳丘の築成が完成した段階以後に行なわれ，おそらく最終的には埋葬時に運びこまれたのではなかろうか。群馬県観音山古墳の横穴式石室の前庭部出土の人物群は，巫女による墓前祭儀の実態をリアルに表現したものとして注目をあびている。

註
1) 梅原末治「応神・仁徳・履中三天皇陵の規模と営造」宮内庁書陵部紀要，5，1955
2) 大塚初重・小林三郎『茨城県馬渡における埴輪製作址』明治大学文学部研究報告，6，1976
3) 伊達宗泰・小島俊次ほか『メスリ山古墳』奈良県史跡名勝天然記念物調査報告，35，1977
4) 石田茂輔「日葉酢媛命御陵の資料について」宮内庁書陵部紀要，19，1967
5) 斎藤 忠・大川 清・大森信英「元太田山埴輪窯跡」茨城県史料，考古資料編—古墳時代，1974
6) 増田逸朗・山崎武ほか「生出塚遺跡」鴻巣市遺跡調査会報告書，2，1981
7) 森本六爾「埴輪の製作所址及窯址」考古学，1—4，1930
8) 大塚初重・小林三郎「茨城県・舟塚古墳 II」考古学集刊，4—4，1971
9) 斎藤 忠・柳田敏司ほか『埼玉稲荷山古墳』1980
10) 小渕良樹ほか「広木大町古墳群」埼玉県遺跡調査会報，40，1980
11) 註 2) に同じ
12) 野上丈助ほか「誉田白鳥遺跡発掘調査概要」大阪府文化財調査概要，1971—4，1972
　　「概要・II」大阪府文化財調査概要，1972—3，1973

──── 古墳築造の実態 1 ────

古墳築造に用いられた土木用具

■ 堅田　直
帝塚山大学教授

1　石材の運搬

　「大坂に，継（つ）ぎ登れる，石群（いしむら）を，手ごし
に越さば，越し難（か）てむかも」

　この歌は，『崇神紀』十年の条，倭迹迹日百襲姫命が亡くなられたとき，その墓，箸墓が造られたときの状況を詠ったもので，いかにも大勢の人びとが動員され，孜孜として働いている様子を描写している。
　『日本書紀』が編纂されたとき，この箸墓をみて，その大きさから，到底，人間技でできるものでないと考えたか，あるいは倭迹迹日百襲姫命が大物主神の妻であった理由によるのか，「日は人が作り，夜は神が作る」と述べ，人と神々の合作によるものであるとした。神がいかに働いたか，これはわからないけれども，人びとは，大坂山から箸墓まで，石をリレー式に手から手へ渡して運んだというのである。いずれにしても，古墳の築造は並大抵の労働力ではできないことを表わしているのと同時に，古墳築造の石材を陸路どのように運んだかということを示す好例であろう。そうすると，次いで海上運搬はどうであったかということになる。
　さいわいにも，海上運搬法を伝えるものに『神功皇后紀』がある。これによると，仲哀天皇と大中姫との子である「かごさかの王」「おしくまの王」とが，九州から大和へ帰還しようとした神功皇后，応神天皇を兵庫県の明石で迎撃し，自らが天皇につこうとした。そこで，父の陵を造ると称して兵を集め，船団を編成し，淡路島から石を運んで陵を造ったとある。これなどは，戦略的に明石海峡の制海権を掌握するため，その口実として陵を造ったことを具体的に述べたものであるが，はからずも古墳築造用の石材が船で海上運搬されたことを示すものであろう。ちなみにこの陵は，五色塚だといわれている。
　さて，古墳の石材の運搬については，先年大阪府藤井寺市三塚古墳の周濠跡から全長約8.8mの修羅が出土して大いに人びとの話題を賑わした。しかしこれが実際に，5世紀まで遡るものであるのか，疑問の余地があるとしても，これと類似したものが存在したことは否定できない。例えば，古墳終末期のものといわれる，兵庫県の石宝殿，奈良県の益田岩船などは，猪熊兼勝氏の説によれば，牽牛子塚古墳のような巨石墓室の未完成品で放棄されたものだという。ここでこの放棄の原因が，あまりにも大きすぎた結果であるとしても，当初は運搬できると思ったからで，これを運ぶためには，三塚修羅クラスのものが必要であろう。石が巨大になって，超重量物ともなれば，修羅の操縦性の良し悪しが問われるのであって，その形態が「人字形」をしている限り，その尖端から引かれる限り，その性能は抜群であろう。
　このような修羅を牽引するのに人力を主としたと思われるが，馬・牛の力も利用されたことも想像される。
　馬力を利用したものとみられるものに，大阪府瓜生堂遺跡[1]出土の須恵器片の表面に，線刻で馬に修羅を引っぱらせているといわれているものがある。これをよく観察すれば，修羅を引っぱっているのではなく，馬の両脇から棒を2本出し，その上に，格子状の荷台を作り地面を曳きずって行くところを表わしたものである。車輪を用いずに，このように馬を使ってものを運搬することは，よく知られるところである。

2　古墳設計の用具

　古墳の設計に図があったか，また，それに要した用具があったか，ということになるとまったく不明で，古墳の形態から類推する他はないのである。例えば，前方後円墳ならば，現在の墳丘から，最も簡単にして，しかも合理的に画ける方法を求め，それに基づいて，用具を考えることは可能だと思う。
　いままで，前方後円墳の形態は，非常に複雑なものと考えられて来たが，数通りの形態とそのバリエーションに過ぎないことが明らかになった[2]。
　古墳造営に最も必要なことは，まず占地である[3]。占地が終れば樹木を伐採し，直接地面に，これから造ろうとする墳形の縄張りをしただろう。この頃には，稲の株刈りが行なわれたことだろうし，ワラ縄も使用されただろう。
　さて，縄張りをするためには，後円部頂部と，前方部頂部の予定地点に，互いによく見通しの利くように，長い丸太棒を立て，その両頂間を直線で結ぶ長さをもった縄が数条，これは，最低1本でもよいが，多いことに越したことはない。つまり，この仕掛けは，巨大なコンパスで，棒はコンパスの脚の針で円の中心，縄の長さは脚の開きの幅である。これで巨大な円も，難なく地面という紙に画くことができる。後円部の円形をみれば誰でも理解できるところである。円の軌跡は，棒杭や縄などで表わされたことであろう。このようにみると，一見大掛かりであるが，用具そのものは至って簡単なものである。しかし，築造過程において，墳丘の則幅を出すために，鑿かた用の材木は多量に使用されたと推察される。

3　伐採と掘削用具

　古墳の立地の多くは，丘陵や台地上を占めているが，このような場所は少なくとも当時は，まだ農耕地として利用されていない叢林地帯であったろう。このような場所を古墳造営のため占地しても，最初は，この叢林の伐採から手を付けねばならない。そのために，たとえ，火を放って焼き払おうとしても，せいぜい下草か灌木を焼く程度で，大きな樹木は手で伐採するより他はないだろう。
　まず，伐採用具として考えられるのは，鋸であるが，

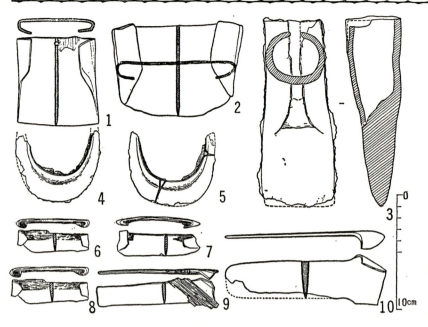

古墳出土の土木用具
1・9：野中アリ山古墳　2・10：弁天山B3号墳　3：重立山1号墳
4・5：大谷古墳[5]　6〜8：野中古墳

古墳時代の鋸は，岡山県金蔵山古墳出土例や大阪府野中アリ山古墳出土例にみられるように，全長が約15cm程度で鋸歯が細かく，しかも，アセリやナゲシのないようなもので，樹木の伐採などはもとより覚束ない。たとえ，大阪府紫金山古墳出土の約32cm弱の鋸もせいぜい使っても枝払い程度であろう。このように見ると，古墳時代には樹木伐採の主役は，鉄斧であったと考えられる。しかし古墳出土の鉄斧にも大型のものと小型のものとがあって用途は別であろう。大型のものに大阪府心合寺山古墳出土例がある。これは，全長約19cm，刃の幅約5cm，重量約1kgあって，また，福井県重立山古墳出土例のものは，全長約16cm，刃の幅約6.5cm，重量は約0.8kg，ともに柄の差込部は，楕円に曲げたものである。これだけの大きさと重量のあるものは，伐採に用いられたに違いない。小型のものは，木工用であろう。

また，大阪府野中アリ山古墳や大阪府弁天山B3号墳出土の鉈は，刃部と柄との装着部が，鎌と違って，その角度が約150度の開きがあり，しかもその重量感から枝払いには充分に役立ち，鉄斧と共に使用されたと考えられる。われわれの注意すべきことは，鉄斧のすべてを木工具，鎌・鉈類を農具として取り扱って後から逆にその用語にとらわれすぎたのではないだろうか。

さて，周濠を掘り，墳丘を積み上げることになる。土掘り道具には，農具である鉄鋤，鉄鍬類が用いられた。鋤，鍬の形態は弥生時代に完成したとみるべきで，とくに鍬については，形の上では近世までほとんど変わっていない。

弥生時代に出現した環状の柄を付けたスコップ型の鋤などは，後世に消えるが，これなどは土をすくうのに適したものであった。これらは，いずれも木製のものであったが，古墳時代になると刃先に鉄を被せ，土打ちができるようになる。現在，鋤，鍬の刃先と考えられているものに3種類ある。すなわち，①鉄板を逆台形に切り，その両端を折り曲げて長方形にしたもの，②刃部をU字形にした近年まで使用されていた風呂鍬とよく類似するもので，柄によって鋤とも鍬ともなるものである，③大阪府紫金山古墳出土の馬鍬型のものがある。現在，備中鍬とよばれるものに類似しているが，これは表土起しに有効なものである。

問題になるのは①であって，これを打ち鍬とみるか，または，木工具とみるかという問題がある。例えば，大阪府野中古墳[4]出土の手鎌とよばれるものは，鍬に較べて幅がほぼ同じだが，長さが短いというだけで鉄製の工具に入れられ，長さが大である野中アリ山古墳出土のものについては，鉄鍬として扱われている。このようにみると，これは農具か工具ということになる。ところが先年，韓国へ旅行したとき，ある寺院で，大工が板を削るのに，鍬の形そっくりの工具を使用していた。しかし確かにいえることは，このような鍬を使っては，古墳築造などはできるものではない。むしろ頑丈な柄を装着できる鉄斧を鍬替りに使う方が洪積台地の堅い土を掘るのに有効である。案外，そのように使われたかも知れない。ものは見かた使いかたである。

石室の構築については，別の機会に譲ることにする。

註
1) 大阪文化財センター『河内平野を掘る』1981
2) 堅田直「前方後円墳の立地と周濠構造」歴史研究, 7・8 合併号, 1971
3) 堅田直「前方後円墳の墳丘について―築造の原則―」『考古学論考』小林行雄博士古稀記念論文集, 1982
4) 大阪大学文学部国史研究室『河内野中古墳の研究』1976
5) 和歌山市教育委員会『大谷古墳』1959

特集 ● 古墳の謎を解剖する

石棺の製作と石室の構築

巨大な横穴式石室やそこに納められた石棺はどのようにしてその石材が切り出され，運搬されてその地に構築されたのだろうか

石材の供給と石棺製作技術／横穴式石室構築の技術／
横穴墓構築の技術／巨石の切り出し技術／石材運搬の
技術／建築学からみた横穴式石室

石材の供給と石棺製作技術 倉敷考古館館長 間壁忠彦
（まかべ・ただひこ）

石棺の製作は石材産地で行なわれ，完成した石棺が運搬され
たと考えられるなど石棺の産地と形態は不可分の関係にある

1 石棺と石材産地

古墳時代の棺形態には，石材を丁寧に加工して製作された石棺がある。一般に，割竹～舟形，長持形，家形の三種に分類され，割竹～舟形石棺は，かなり散在的に各地の主要な前半期古墳に用いられ，長持形石棺は，近畿地方で5世紀代の王墓と若干の地方の同時代の有力古墳に，家形石棺は，主に後期の主要古墳にそれぞれ使用されている。割竹～舟形は，長大な石材を刳抜いた身と蓋の2材からなる。長持形は，底・蓋各1枚，長・短側各2枚，計6枚の板状部材からなり，短側石を長側石ではさむように組合せる。家形は，刳抜きと組合せの二種があり，組合せの場合には，長側石を短側石ではさむのを原則とする。

これらの石棺は，まれに花崗岩のような硬質な石材で作られることもあるが，主に凝灰岩，時に砂岩のような軟質な石材で作られる。日本列島上には，凝灰岩産地が多く，しかも古墳文化の中心地域で，石棺についても優品の多い畿内地方には，奈良県と大阪府のさかいに，二上山という有名な凝灰岩産地がある。その二上山の石材による石棺が畿内地方にかなりの数，実在することも確かであり，また，各地方で産出する石材による石棺も，

それぞれの地方で確認されている事例も多かったのである。そのため，古墳時代の中心地である畿内で，その地の石材でまず石棺製作が行なわれ，地方へも製作技術が伝播し，それぞれの地元の石材で地方の石棺は作られたものだとする常識が，おのずとでき上っていたのである。それは，従来判明していたものでは，石材産地と石棺所在地の距離が，遠くても，せいぜい数十 km 程度であったこと，また，わざわざ重量のある石棺を遠くまで運んでいるなどとは，思いおよばなかったことにもささえられたものであった。

ところが，石棺製作に適した凝灰岩を産出しない，吉備南部に所在する石棺を検討することを出発点として，石棺の石材を全国的に見なおして行く作業の中で近畿地方，瀬戸内沿岸地方，九州地方の間では，少なくとも従来の常識を越えて，石材産地からはるかに離れた地域まで，石棺が運搬されていることを知ったのである。その過程や判明した事実，また，石材産地から遠路を運ばれている石棺のあり方から，古墳時代をどのように理解するかの試論などについては，すでに幾度かにわたり記してきたところであり，末尾にかかげた文献を参照されたい。ここでは，古墳時代の各期にわたる石材産地と石棺の関係の中で，とくに重

45

要と思われる二，三の例を，簡略に紹介したにとどまるものである。

2 九州阿蘇石の石棺と割竹〜舟形石棺

阿蘇熔結凝灰岩とよばれる石材は，九州では広く刳抜きと組合せの石棺に用いられ，熊本，大分，宮崎の各県と福岡・佐賀両県南部に実例がみられる。実際にこの石材を産出する地は広く，阿蘇山の東（豊後水道側）にも西（有明海側）にも存在する。それら阿蘇石による石棺には，形態の上から，九州の地方的性格が強くうかがわれるという。たとえば，この点，九州の特性とされる竪穴式石室に納められた阿蘇石による横口式家形石棺を「大和政権の権威を象徴するとみられる長持形石棺が，九州の豪族たちによってたちまち九州的に改変された」[1] とされるのも，その棺蓋が，九州的舟形石棺のある種のものと類似することをも意識してのことと思われ，阿蘇石による刳抜き・組合せ両石棺ともに地域の独自性を認めた上での指摘なのである。それは，阿蘇石による石棺製作に，在地の製作技術が明瞭にあらわれていることを意味するものでもある。

次に阿蘇石による石棺が，瀬戸内沿岸や近畿地方に搬入されている事例に眼をむけると，舟形石棺では，下記のようにそれぞれに，特記すべき九州的特徴を備えている。

　　兵庫県揖保郡御津町中島例――環状縄掛突起
　　京都府八幡市八幡茶臼山例――身をめぐる方形鍔状突起に孔をあける
　　岡山県赤磐郡山陽町小山例――印籠蓋合せ
　　香川県観音寺市丸山例――身・蓋とも合せ部近くに低い方形帯状部をめぐらす

そのほか，阿蘇石による舟形石棺の系譜の中に入るものだが，畿内の刳抜き家形石棺誕生の手本となったとみられる大阪府藤井寺市唐櫃山と長持山の阿蘇石石棺も，印籠蓋合せの手法，屋根形蓋の形状，縄掛突起など，九州阿蘇石の石棺の特性をきわめてよくあらわしている。また，組合せて作るべき長持形石棺を意図しながらも刳抜きに作ったとみられる，岡山市新庄下造山古墳前方部所在の例は，蓋を屋根形に作り，身蓋の合せも印籠蓋状にするなど，九州的要素を多く持ち，石材もまた阿蘇石によるものであった。

このように，阿蘇石による石棺で，瀬戸内沿岸と近畿地方まで運ばれた例は，形態の上で，在地の阿蘇石石棺と強く共通するのであった。さらに，和歌山市大谷例の組合せの古式家形石棺も，その報告書で，形態が九州的であると強調された[2] のであるが，石材もまた阿蘇石である[3]。この石棺では，蓋に付された九州的な環状縄掛突起の一部が壊れ，その代用として運搬時に縄をかけるための溝が蓋の裏面に刻まれていた。

こうした石材と石棺形態の両者が類似する点は，石材産地から遠く離れた地にある石棺が，実は，石材産地独自の石棺製作技術によって作られたものであることを示しているのであり，石棺完成後に，運搬のための加工を行なった痕跡までとどめる大谷例のようなものが知られることは，石棺製作自身が，石材産出地で行なわれ，完成品となった石棺が運搬された可能性を物語るのであろう。

九州では，阿蘇石のほかにも，西北部唐津湾岸とその付近で，主に舟形石棺を製作した石材産地がある。後世，松浦砥石の名を残した砂岩がそれである。畿内の舟形石棺のうち，奈良県不退寺に所在するものや，大阪府二本木山例は，この砂岩によると思われる。また，割竹〜舟形石棺の集中地，四国香川県では，綾歌郡国分寺町の鷲の山に産する凝灰岩が石棺材に用いられることが多いが，その石材による割竹形石棺も，大阪府の玉手山丘陵安福寺に所在が知られている。これらの石棺も，それぞれの地元の石棺と軌を一にする形態を持つ。

このようにあげてくると，石棺の

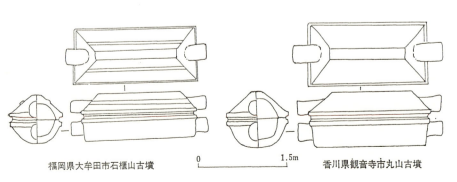

福岡県大牟田市石櫃山古墳　　　　　　　香川県観音寺市丸山古墳

阿蘇石による舟形石棺の対比

うちで最も古くまでさかのぼるとされる割竹～舟形石棺について，畿内に所在するものはすべて，九州または四国から搬入されたもので，古墳文化の中心地である畿内には，石棺製作の当初には，石棺材切出し地の開発もなく，石棺製作技術の確立もなかったことになる。そうした中で，遠く西方から運ばれた石棺は，古墳所在地からみて，西方との交通に関係して，九州・瀬戸内と強く結びついた豪族層の姿の反映とみられるのではなかろうか。それは，石棺製作地とのかかわりの深さはもとより，運搬時の通過地点をも掌握していなければ，重量のある石棺は運び得なかったと考えられるからである。

割竹～舟形石棺は，そのほかに主要な製作地として，四国香川県東部，日本海岸の出雲，丹後，越前，それに関東北部が注目され，それぞれ在地の石材が用いられている。そのうち，香川県東部の火山石によるものは，岡山県鶴山丸山古墳に運ばれた例にみられるように，環状縄掛突起など，九州との関係をうかがわせる点が注目される。日本海岸のものも地理的にみれば，九州を含めた海上交通によるたがいの交流にもとづくものかと考え得るのである。北関東の場合をどのように理解すべきかの問題は残るが，この種の石棺の製作が，古墳文化のすべての現象を畿内中心からの影響と一元的に理解するのではなく，この時期の地方間のより多元的な関係をあらわしている，一資料だとみることもできるのである。

3 畿内的長持形石棺と家形石棺

割竹～舟形石棺とくらべ，きわめて畿内的性格を持つのが長持形石棺であり，畿内中心勢力が，巨大古墳の世紀を生みだしたとき，その王者の棺として用いたものであることはよく知られている。畿内を中心とした地域の長持形石棺製作の石材が，兵庫県の加古川下流域に産する凝灰岩によるものであることも，筆者らの石棺石材の検討の中で明らかとなった。播磨風土記にも記載された，巨大な石造品である石宝殿が彫り出されている竜山が，現代に至るまで有名な竜山石の石切場であるため，その一帯のこの種の石材を竜山石の名で総称することにしている。

畿内とその周辺の長持形石棺は，一部に現在では実見できないものもあるとはいえ，すべてがこの竜山石石材によると考えられる。その立証の中で，畿内の盛期の主要古墳群中で，百舌鳥古墳群のみは，実際に今日石材を点検できる例に恵まれない点が気がかりであった。ところが，同古墳群中最大をほこる大山古墳に近い百舌鳥八幡に隣接する寺の庭に，長持形石棺材が所在することを，奈良大学考古学研究会の諸君が確認，『盾列』誌上に報じられ，これを現場で実見することができた。それは，やはり竜山石であり，畿内の長持形石棺＝竜山石は，当然のことながら百舌鳥古墳群中でも実証できたのである。

播磨の地に石材産地を求め，刳抜石棺とは違った新たな組合せの形態で長持形石棺製作を確立したのが，畿内勢力自身であったことはいうまでもないが，畿内勢力の直接的支配圏が播磨にまで達したことをも意味するのであろう。岡山県山陽町朱千駄や，兵庫県但馬の出石町にまで運ばれた竜山石長持形石棺も，畿内中心地域のものと全く同じ規則に従って作られており，これらは同一石材の同式石棺が同一製作法によることを示すと共に，畿内勢力に直結したとみられる地域の広がりをも示しているのである。

竜山石以外の石材で，正式に長持形石棺製作の規則に従ったといえる形態の事例は大変少なく，九州では，阿蘇石による福岡県月の岡，砂岩による佐賀県谷口，丹後の凝灰岩による京都府産土山，馬場の内，北関東の群馬県太田天神山，お富士山などをあげうるにすぎない。これらは在地の石材によるものとはいえ，その形態からみて，大いに畿内中心勢力とのかかわりの深さを物語り，技術者の派遣すら考えられる。

畿内勢力が，真に畿内在地といえる凝灰岩産地，二上山の石材を丁寧に加工する石棺に用い始めたのは，5世紀も終末近くなって畿内型の家形石棺が確立される時からであった。まず，ピンクの色調を示す石材で，古式の刳抜家形石棺を作り，続いて，この地で古代～中世と石材を切り出し続けた白色の凝灰岩をもっぱら利用するようになると，やがて組合せ家形石棺をも製作した。

そうした二上山石材による家形石棺は，畿外の吉備や近江にまで運ばれたものもみられ，二上山石材による畿内型の家形石棺の形態は，古墳後期の石棺として全国的に受け入れられるところとなった。そうして，それまで，石棺を作らなかった地域を含め，各地方の地元の石材で畿内の家形石棺に近づくべく製作された石棺も，石材産地ごと

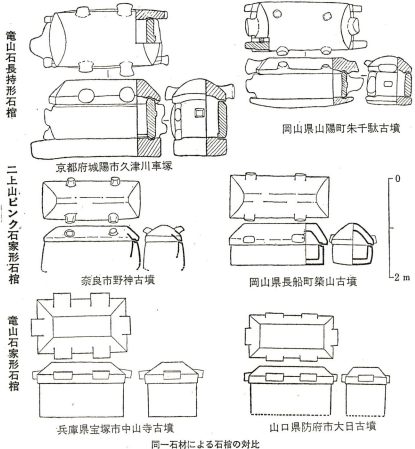

同一石材による石棺の対比

に，それぞれ少しずつ形態に特徴をもつことが多い。それは，石棺製作の技術者が，石材産地毎に存在したことを示すものであろう。

家形石棺の製作が，古墳終末期までひき続き行なわれた地方も多く，そうした中で，近畿地方では，長持形石棺を作った竜山石の産地播磨で，古墳後期も後半に，同じ竜山石で多数の家形石棺が作られた。その時期，竜山石の家形石棺は，大和を中心にした畿内の有力古墳の棺に用いられ，さらに近江，吉備，安芸，周防にまで運ばれているのである。

以上，大変大雑把に記した石棺製作と石材産地の関係から，石材産地と石棺形態が不可分である点が明らかになればと思うのであるが，実際の石棺製作にあたっては，石材の切出し技術が最も重要であり，石棺の加工は，むしろ切出しに連続した工程であったと考えられる。したがって，その石切場と共に石棺製作者を掌握した勢力の問題，また，製作された石棺を遠路運搬して使用した勢力の問題にまで，石棺という資料から接近できると思うのである。

註
1) 森貞次郎「装飾古墳の発生まで」古代の日本，3，角川書店，1970
2) 樋口隆康・西谷真治・小野山節『大谷古墳』和歌山市教育委員会，1959
3) 森浩一氏のご教示によると，埋めもどされた石棺の断片が和歌山市教育委員会に残存，その点検の結果，阿蘇石であると確認された由であり，われわれの推察通りであった。
4) 参照文献
間壁忠彦・間壁葭子「石棺石材の同定と岡山県の石棺をめぐって」倉敷考古館研究集報，9，1974

間壁忠彦・間壁葭子「岡山県丸山古墳ほか，長持形・古式家形石棺の石材同定」倉敷考古館研究集報，10，1974

間壁忠彦・間壁葭子「長持形石棺」倉敷考古館研究集報，11，1975

間壁忠彦・間壁葭子・山本雅靖「石材からみた畿内と近江の家形石棺」倉敷考古館研究集報，12，1976

藤田憲司「讃岐の石棺」倉敷考古館研究集報，12，1976

間壁忠彦「石材からみた山陽道西部の家形石棺」考古論集，松崎寿和先生退官記念事業会，1977

間壁忠彦・間壁葭子『日本史の謎・石宝殿』六興出版，1978

間壁忠彦・間壁葭子『吉備古代史の未知を解く』新人物往来社，1981

横穴式石室構築の技術

群馬県立博物館副館長 梅沢重昭（うめざわ・しげあき）
県立境高等学校教諭 桜場一寿（さくらば・かずとし）

最近発掘調査および解体修理が行なわれた高崎市の観音山前方後円墳を例に横穴式石室構築の工程と技術について考える

　横穴式石室は、床面、壁体、天井石による組構造といえるが、地域、時期などによって、その規模、形状、石材の種類および扱い、構築位置などには多くのバラエティーが認められる。これらを表面観察のみならず、発掘調査およびその解体修理によって明らかにしえた構築の工程と技術について、群馬県高崎市所在の観音山古墳の石室について見てみたい。

　井野川下流域右岸の洪積台地面に形成された綿貫古墳群は、5世紀中頃から継起的発展をとげた首長層の墳墓と考えられるが、観音山古墳はその最後に位置づけられる6世紀末から7世紀初の前方後円墳である。

　墳丘は二段築成で、前方部を北々西面し、盾形二重堀を囲繞している。地表面を1mほど掘り下げた下端を墳丘裾部として、盛土をしている。したがって、墳丘はそのほとんどを盛土で構成したものといえる。葺石は施設されず、墳丘斜面は露地を呈していた。埴輪類は墳丘中段面と頂部とに樹立されていた。中段面には、石室の開口する後円部側部からくびれ部にかけて人物群、これに続く前方部側辺は円筒列と楯、前方部前面から東側辺にかけては鷹飼を含めて馬と馬子、さらに東側くびれ部から後円部背後は円筒列がめぐっていた。前方部頂部には家があり、その縁辺は円筒列がめぐらされていたらしい。後円部頂は家、にわとり、さしば、楯などが樹立され、その縁辺にも円筒列がめぐらされていたと推定される。

　外堀外端を墓域と考えた場合の全長は157.2m、全幅144.6mである。墳丘全長は97.2m、前方部幅63.9m、後円部径61.0mとなる。高さは前方部9.1m、後円部9.4mを計り、基底部から3.6mの高さに幅3mから5mのやや外方へ下がり傾斜の中段面が造成されている。

1　横穴式石室の位置と構造・規模

　石室は前方部にたいし、左108度の方向をとってS-42度-Wに開口している。全長12.63mの両袖型横穴式石室である。入口は中段面より1m高く、長さ5.35mの前庭奥に位置する。

　羨道部は長さ4.46m、入口幅1.34m、高さ1.18m、奥幅2.58m、高さ1.39mの規模で奥方へ広がる空間をもっている。その前半1.2mの壁体は河原石の乱石積みで、奥半は榛名山二ツ岳の爆発によって生じた浮石質角閃石安山岩転石[1]の削石をもって互目積みで構成される。この削石壁と自然石壁との接合部は、左壁で26度、右壁で18度の直法（ちょくのり）を示すので、いったん削石前端で壁積みを完結しているがごとくである。壁面の内傾角は変位荷重を受け、左壁15度、右壁19度となっている。床面は河原石が敷き込まれるが、入口部には同石材による間仕切施設がある。閉塞は10cmから30cmの河原石が羨道部いっぱいに充填されていた。

　袖部は、角閃石安山岩截石を用いて両袖とも6段に積み上げる。羨道部壁面とは同一面を構成し、玄室方へ左袖74度、右袖81度で寄せかける素形構造である。根石はL字形に切り込み、玄室部側壁と一体化させている。羨道部奥端は河原石の框（かまち）構造によって玄室部床面と0.2mの段をもっている。

　玄室部は、基底部面積で群馬県下最大の規模を有し、長さ8.17m、奥幅3.95m、前幅3.22mの不整台形をしている。壁高は奥壁で2.8m、袖部で2.1mを計る。袖の広がりは左右とも0.32mである。

　玄室壁はすべて角閃石安山岩截石で構成される。奥壁は9段で90石、左壁は10段で242石である。右壁はその過半が崩壊していたが、10段で概数235石となる。横目地がたわむがよく通っており、下段2石に上段石が載るように配されている。

　根石プランは奥壁と玄室右壁が直角を成し、羨道部右壁もこれに平行に配される。しかし玄室部と羨道部の左壁は奥壁に対し、それぞれ83度30分、75度30分の狭角をもっている[2]。

49

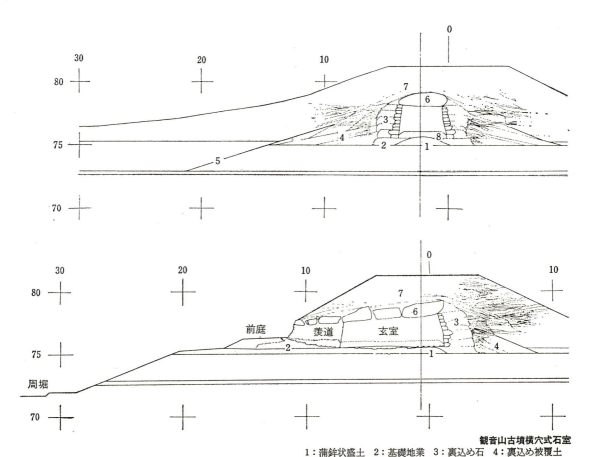

観音山古墳横穴式石室
1:蒲鉾状盛土　2:基礎地業　3:裏込め石　4:裏込め被覆土

　床面は，羨道と同じく径 10cm から 20cm の河原石敷きであるが，壁端で急角度に下がる断面台形状の構成である。奥壁から 3m の位置に河原石の間仕切施設があり，玄室を 2 室に区分する。奥半は河原石上に壁石と同質の拳大の角閃石安山岩転石を一面に敷きつめ，棺床面を構成している。そのため前半部より 0.1m 高くなる。
　天井石は玄室部・羨道部とも 3 石を同一面に載架し，玄門部の楣構造など設けていない。玄室部の壁石が浮石質角閃石安山岩の五面加工石材であるのにたいし，その天井石が 3 石の牛伏砂岩の巨石であることが注目される。

2　石室の構築技術とその工程

　このような特徴を示す巨大な横穴式石室はそれでは，どのようにしてつくられたのであろうか。解体修理時の知見をもとにたどってみよう。
　石室入口は，墳丘中段面（基壇）より 1m 高い位置にあるが，石室の基礎地業設置面は中段面より 0.5m 下位にある。したがって，後円部下段丘盛土を墳丘築造面（地山）から 2.1m の高さまで施設した上に地業が行なわれたことになる[4]。基礎となった盛土はロームを主体とする黒色土との混層を版築状に叩き締めており，石室重量にたいして充分な地耐力をもっている[5]。

(1) 石室床面下の構造
　石室床面位置には長さ 8m，幅 3.8m，中央高 0.6m の蒲鉾状にローム質土を敷いている。玄室中軸上が高く，端部は玄室床面プラン内に納めている。この施設は，烏川を 2km 下った玉村古墳群中の横穴式石室[6]にも認められる構造で，技術的関連性がうかがえる。排水，防湿を目的とした敷土施設と考えられる。

(2) 壁体の地業
　蒲鉾状敷土の周囲および羨道部設置範囲には砂利による基礎地業が行なわれている。厚さ 0.5m で，中軸長 17.5m，奥幅 7.8m，前幅 6.9m の隅丸長方形で，奥右隅のみが直角に近い。後円部の中心はほぼこの位置にあたり，石室の位置設定の基点でもあったことがわかる。
　玄室部地業上面は蒲鉾状敷土上面より 0.1m 低い。外端は石組が施され，その外方は盛土で被覆

50

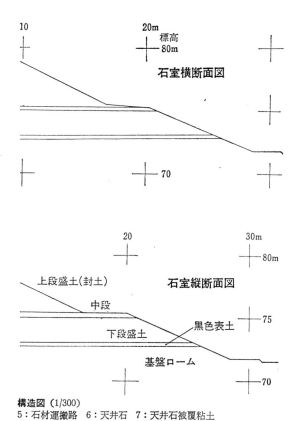

構造図 (1/300)
5：石材運搬路　6：天井石　7：天井石被覆粘土

される。被覆上面は外方へ下がり傾斜となり，壁根石設置の作業面としている。壁根石内面から地業外縁の石組までの幅は，奥壁で 2.4m，玄室左壁方で 2.5m，右壁方で 2.7m となる[7]。また，羨道入口部では左方 2.7m，右方 2.5m の幅である。羨道根石は袖部から入口部までの間に 0.5m 高く据えられる。地業面もその分だけ高さを増す。地業石前端は石室入口の外方 2.5m におよぶ。したがって前庭奥半は，この上に 0.6m の盛土被覆をもって面を整えたものといえる。

（3）壁石の加工と石積み方法

壁根石は地業石上に直接置かれる。根石は直線的に配され，奥隅部は切組，前隅部はL字形切り込みが造作される。奥壁は8石，左壁21石，右壁20石で構成される。そのさい，羨道部奥の左右2石も同時に設置されたものと考えられる。目地の空きは 3cm から 5cm と差があるが，これは調整のための空隙と思われ，小石および砂利で充填が施されている。根石下面の加工は2段目以上の壁石に較べ雑である。下面レベルは四隅が同高であるのにたいし，側壁中央は約 0.1m 低い。

このたわみは横目地のたわみとして壁上端にまで同じ形状を示している。なお，根石設置面と墳丘中段面のレベルはほぼ一致しており，墳丘下段盛土が基壇としての性格をもつことが明らかとなった。

壁石は，その設置にあたって調整加工が施される。そのときの削屑は石室内と裏込め上面に捨てられ層を成している。

壁石材は，紡錘状の角閃石安山岩を選んでおり，これの5面を直角に整え，整形小口面を壁面としている。裏面は自然面を残す。壁面の整形は，上下面にたいし，斜めに仕上げられ，壁石を水平に積上げることによって壁面が内傾するよう配慮されている。壁内傾角は奥壁11度，左右壁8度であるが，上方ほど傾きが大きい。壁石の加工は，タガネとハマグリ刃状切削具で仕上げており，削り痕が明瞭に残っている。これをみると，内面加工にあたっては，1石ごとに行なっており，壁体積上げ後の再調整はないといえる。石組み方法は，下段石の目地に上段石を据え，通し目のないよう配されるほか，隣接石と高さに差のあるときは，高い壁石の端部を低い壁石の上縁までL字形に切り込み，上段石が下段の2石に載るようにしている。また，壁石上面は水平かややふくらみをもつが，下面はえぐりが大きい。そのため上下の壁石は全体で接するのではなく，端でもたせるような配慮がうかがえる。しかし，その間隙には砂および壁石削粉を充填し，壁体の一体化を計っている。

（4）壁石裏込めの構造

壁体を補強する裏込め石およびその外方を覆う裏込め被覆土は，壁石を1段ないし2段積むごとに築かれる。

裏込め石外端は河原石の横積みか，または小口積みで築かれる。この石組みは各工程ごとにわずかずつずれており，前工程の裏込め石組より次工程の石組が外方へ出ているばあいもある。これは，次工程施工時には，下の石組はこれに伴う被覆土によって覆われ，作業面として機能しているためである。裏込め石組の範囲は袖部で屈曲縮減するが，玄室については地業石組とほぼ一致し，上方へいたるまでその幅（厚さ）はほとんど変化しない。換言すれば，壁面の内傾角とほぼ同角度をもって裏込め外縁の石組みが施工されたことを意味する。

玄室部の天井石と裏込め石の状況
（昭和43年度調査による）

石室本体の状況（羨道から）

壁石根石と基礎地業の状況（玄室から）

ところで壁石の石積みは一工程が壁石1〜2段について行ない，側壁長の1/2ないし1/3の範囲で一段落し，それをくりかえしている。このことからみて壁構築は30〜40工程の作業であったことがわかるが，それが工事にかかった日数であったかどうかは明らかではない。また，裏込め被覆土は玄室右奥隅で切断され，しかるのちに奥壁被覆が施工されたことをうかがわせる断面を示している。壁石，裏込め石，裏込め被覆が一工程として把握できることから，石室壁構築にあたっては，墳丘の中心に位置する右壁奥端から開始し，奥壁，左壁という順序で構築されたことがわかる。このようにして，奥壁が9段・2.7m，袖部で10段・2.1mまで積み上げられたあと，羨道壁体も玄室と同様の裏込め構造をともなって構築されたものである。

羨道壁石は互目積みで，隣接する壁石の形状にあわせ上下・左右にえぐりを入れるように加工したものである。傾向として，下面にえぐりを入れる石が多く，上面の加工は少ない。なお，羨道部前半の河原石乱石積み壁は，裏込め構造および天井部被覆の状況からみて，追造の可能性はない。

（5） 天井石の産地と架構方法

天井石は，いずれも観音山古墳の南西方13kmの牛伏山から運搬された砂岩であり，自然の露頭により風化を受けているものを利用している。その運搬のルートとしては，産地から沢を下だり鏑川へ，そして烏川へ，さらに井野川を利用して運んだものであろう。

天井石の載架方法については，次のように考えられる。玄室上端は奥幅3.1m，前幅2.4m，長さ7.6mほどになっており，周囲は外傾斜の作業面が構成されていたことになる。また，石室開口方向の墳丘くびれ部から玄室左壁上端にかけて，勾配19度の直法の堅緻面が検出されている。その傾斜下端は，後円部裾の円周上墳丘下にあり，墳丘築造面（地表）には角閃石安山岩の削屑層が検出されている。このことから，傾斜面は，その下端付近で石室用材の1次加工（荒割り）を行ない，用材を石室へ運搬するための作業路であった可能性が強い[8]。ちなみに，玄室壁体の遺存は，奥壁左方がもっとも良好で，弾性波速度測定でも左方の積上げ密度が安定している。奥隅部の切り組み状態も左隅が優っている。これらのことから，天井石を含む石室用材の運搬は勾配の緩くとれる左壁方から行なわれたものと考えられる。

天井石の設置面積はその大きさに限定され，最上段壁石の厚さを越えない範囲である。したがって，天井石の壁体への掛り面積は石室規模に比較しわずかであり，これの設置にあたっては綿密な企画がめぐらされたであろうことは想像に難くない。

まず最奥の天井石が3壁に架かる形で設置され，順次，羨道部方向へ載架されたものと思われる[9]。そのさい，壁体上面には偏平な河原石を一列に配

している。これは緩衝材としての機能と，いったん据えた天井石の微移動を可能にするものである。また重量のある天井石の移動は，これを吊り上げる技術が当時なかったとすれば，玄室壁体を損傷させずに目的位置に架構するため，壁体から浮かせて移動し，しかるのちに壁体への荷重を加えていく方法をとったと考えざるをえない。とくに羨道部壁体のごとき乱石積みのばあいは不安定で，変則的な荷重は損壊の恐れが大きいといえる。石室復元作業の工事内容に照らして推測すれば，壁体を保護するため，石室内に天井石を受けるための構造物を壁体より高く設けたものと考えられる。材質としては入手の容易さと扱いやすさから，砂ないしはこれに類する材料が用いられたのであろう。袋ないし俵状のものに入れたとすれば撤去にも便である。天井石の荷重を砂袋などから壁体に移すには，天井石の載架と逆に入口方向から袋を切開していくことによって容易なはずであり，壁面も汚れないですむであろう。

このように載架されたと考えられる天井石は，その間隙に径1mを越す礫から小砂利までを用いて天井石上面と一致するくらいまで充塡し被覆している。その上に粘性の強いローム土を石室を覆うように被覆している。この天井被覆土の厚さは0.6mあり，その形状は浸透水を外方へ除去できると同時に被覆土自体が強固な構造物として石室を保護する機能をはたしている。奥方への勾配は23度で奥壁面から外方5.7m，壁根石上1.6mの位置まで確認しており，さらに外方へ延びている。また左壁方へは20度の勾配をもって壁外方5.2m，壁根石上3.0mまで確認している。同面は石室用材運搬路上0.5mにある。

なお石室被覆土上の封土は水平に積まれ，土質とともに明瞭な差が認められる。

（6）床面の仕上げ

蒲鉾状敷土の上には小砂利が0.4mの厚さで敷き込まれていた。これは裏込め材と同種のものであり，壁積み時に石室内に堆積したのをその最終段階で敷きならしたものと考えている。天井石架構の充塡材を取り除いたあと，この上に河原石による床面をしつらえ石室を完成したものである。床石は10～20cmの厚さで，壁根石上0.5～0.6mの位置にあたる。

このようにして敷きつめられた床面には，奥壁部から3.0mに間仕切って遺体を安置する棺床部分を設け，その部分のみに拳大の角閃石安山岩を敷いている。なお，棺床部分の壁面上部に吊手金具が装着されていたことから見て，棺床部分は帳をもってめぐらされたものと推定される。

以上が観音山古墳の横穴式石室の構築の工程の再現である。この構築にあたっては熟達した石工があらかじめ企画された規模に照らして，現場で石材を加工し，石積みにあたったわけであるが，参考までに石室再構築に要した人数は天井石の構架は機械力によっているが，新石143石の加工を含め石工人数延べ95日（運搬作業を除く），裏込め人数延べ250人であった。

註
1) 6世紀後半の榛名山噴出物と考えられ，河川の流下により転石化した石材は石室に多く用いられる。比重1.7～1.89で軽石に近い。
2) 同様の形態を示す石室例として巨石巨室の乗附観音塚古墳がある。本例の企画尺度は高麗尺（35cm）が想定され，全長36尺，玄室長24尺，奥幅11尺，前幅9尺，羨道長12尺，奥幅7尺，入口幅4尺，奥壁高8尺となる。
3) 天井石重量は，奥から22t，16t，12t，8t，4t，2tと概算される。
4) 群馬県内の前方後円墳に施設される横穴式石室のほとんどは基壇上に構築される。これに対し，袖無型石室あるいは終末期の古墳の多くは「掘り方」内に設置する例が多い。
5) 自然堆積でのローム層が，良好な状態で15t/m^{2}の地耐力であるのに対し，本例は38.9～47.2t/m^{2}の値を示す。また石室上の全重量の接地圧は27.8/m^{2}である。
6) 調査例18基のすべてに蒲鉾状施設と裏込め被覆が認められた。
7) 裏込め石を伴う石室がほとんどである。その幅（厚み）は石室内法幅，壁高，壁材などによって差異が生じるが，内法幅に対する裏込め幅の比は0.5～1.5の間におさまり，袖無型石室例に比の大きい傾向が認められる。本例は0.67である。
8) 同様の事例として，富岡5号墳（円墳・6世紀後半），中塚古墳（円墳・7世紀末）例があり，いずれも石室左方を運搬路としている可能性が強い。
9) ほかの事例の多くにも，天井石の重なり状況などから，奥から入口方向への架構順序が考えられる。
10) 参考文献
『群馬県史』資料編3，原始古代3，群馬県，1981
『史跡観音山古墳』群馬県教育委員会，1981
『中塚古墳概要』新里村教育委員会，1982
『富岡5号墳』群馬県立博物館，1972

横穴墓構築の技術

明治大学教授
小 林 三 郎
（こばやし・さぶろう）

全国的に分布する横穴墓の造営は自然地形に左右されるところから，高塚古墳の選地条件とは基本的に異なるようである

　横穴墓は，丘陵などの斜面・崖面を掘鑿して営まれていることが，石材を積み上げて構築する古墳の石室構造とは，基本的にことなっている。また，丘陵などの斜面・崖面を利用せずに，地表面下に竪坑を掘り，竪坑の底面から横に墓壙を掘った地下式横穴墓も，横穴墓と同様な意識のもとに営まれたものと理解できるだろう。

　横穴墓は，全国的なひろがりをみせるが，地下式横穴墓は南九州地方の，かなり限定された地域に分布の偏りがみられるのが特徴である。本稿では，両者が同様な意識のもとで営まれていることを前提としながら，全国的にひろく分布をみせる横穴墓に焦点をあてて，その歴史的・技術的な側面について検討してみよう。

1　横穴墓群の類型

　群集する特徴をもつ横穴墓も，詳細に観察すると，群を構成する小群のありかたに，大別して3種類がみとめられる。

　その1は，群の中で独立的で前庭・墓道を各々がもつもの，その2は，前庭部を共有するいくつかの横穴墓が小群を形成するもの，その3は，墓道を共有するいくつかの横穴墓が小群を形成するものなどである。発掘調査例でみると前庭部，墓道を各々がもつものが多いが，多くの横穴墓は崖面に掘鑿されているために，前庭部や墓道が崩落して遺存しない可能性も指摘される。

　前庭部を共有するものは，3～4基の横穴墓が隣接して営まれる例が多い。この場合は，横穴墓の玄室床面のレベルがかなりの近似値を示している。一方，墓道を共有する例は，横穴墓群がかなり緩傾斜地に立地するものにみられる。緩傾斜面に墓道を掘り込み，その一本の墓道に面して前庭部を各々設けて1小群を形成させるものである。前者の例では茨城県勝田市十五郎穴横穴墓群指渋支群[1]中にあり，後者には福岡県行橋市竹並遺跡の横穴墓群[2]の例がある。前庭部を共有する横穴墓群は，開口方位をある程度一定にさせることが可能であるが，墓道を共有するものは，開口部方位を墓道に向けることが一般的で，したがって主軸方位が墓道の位置によって決定されている例が多い。

2　横穴墓の構造

　横穴墓も埋葬を目的とするから，埋葬主体部に相当する玄室がその中心的存在であることはいうまでもない。とくに，横穴墓は墳丘封土をもって埋葬主体を完全に被覆するものではないが[3]，横穴式石室の構造に沿った形態を示しながら，横穴墓特有の構造を示している。すなわち，玄室とそれに通ずる羨道をもつが，玄室入口（玄門部）が明確に造り出されている例がほとんどなく，多くの場合は羨道が短かく，羨道入口（羨門部）と羨道部が玄門を兼ねているようにも思われる。羨道部と玄室部は，間仕切りを設けたり，玄室床面を一段と高く造ることで区分することがあり，羨道部を広く大きくとり，玄室床面をより一層高く造り出す例も知られる[4]。

　羨門は，閉塞のほどこされる部分であり，羨門部と前庭部は閉塞のために礫石などで充塡される部分である。したがって，閉塞の方法と羨門の構造とは相関関係にある。

　玄室入口を玄門・羨道・羨門でしぼり，ふたたび羨門の外側で広く平坦面を造る。この平坦面を前庭部と呼んでいる。前庭部は，羨門閉塞に必要な空間を確保する意味をもち，同時に埋葬，閉塞後の墓前祭祀のための空間だともいわれ，一部分天井または廂をもつこともある。

　さらに，横穴墓の立地条件によっては，羨道に連なる墓道が設けられる。墓道は玄室・羨道・前庭部が傾斜面に深く埋没するような位置に設けられる場合にのみ施設されるらしい。墓道は，古墳の横穴式石室にも用いられる例があり，墳丘外側と羨道とを結ぶ道として石敷をもつ例もある[5]。墓道は羨道と同義語であり，天井部をもつか否か，かつ閉塞の外側にあるかどうかで区別するという

意見もある[6]が，前庭または羨道に至る天井部をもたない道を墓道と理解してよいだろう。とくに，古墳の場合には追葬の度ごとに掘削される運命にあったようで，墓に至る通路としての意味も大きかったように思える。

3 玄室の構造

玄室は遺骸を安置する場所である。床面に特別な施設をもたないものと，棺台・棺床などを造りつけているものとがある。また，周壁に沿って排水溝が設けられている例もあって，排水溝は玄室から羨道を通り，前庭部から外へ導き出されている。

棺台・棺床は，玄室奥壁にあるものや，両側壁に沿って設けられるものなど，バラエティーに富んでいる。床面に間仕切りをつけて高縁を造り出しただけのものを棺床と呼び，床面からいくらかでも高い台状部を造り出したものを棺台と呼びならわしている。どちらにしても，遺骸を木棺に納めてから棺台・棺床上に安置したものと推定している。棺台・棺床ともももたないものでも原則として木棺を用いたと推定しているが，棺釘などが確認できないものがあって，木棺の存在をかならずしも肯定できない。

玄室天井は，玄室の平面プランや周壁の作り方に付随して変化する傾向を示すが，一般的にはアーチ形，ドーム形，屋根形に大別される。天井の屋根形のものは，家形石棺との関連も注目される。

玄室には前室が付設されることもある。前室は，玄室の平面プランと相似する傾向を示すが，一般的には玄室よりも小さく，天井も低く造られ，棺台・棺床を伴うことがないので，あくまでも副室の性格が強いと考えてよいだろう。

4 玄門・羨道・羨門

外界と玄室とを結ぶ通路を羨道と呼んでいるが，横穴墓の場合には小規模であることが多い。

横穴式石室は墳丘封土のより奥まった場所に設置されているが，横穴墓の場合には，崖面の岩盤を掘鑿するという作業を伴うためか，それを余計に長くとらない傾向がみられる。羨道の玄室側を玄門と呼び，入口部分を羨門と呼んでいる。横穴墓の閉塞は羨門部におこなわれるので，この羨道全体を玄門と考える方法もある。この考え方では，羨門の外側，つまり前庭部の羨門と接して天井をもつ部分を羨道と解釈することで，終末期の古墳にみられる横穴式石室の構造との共通点を見出すわけである。たとえば，茨城県虎塚古墳の横穴式石室は，玄門部に閉塞扉石をはめ込み，1mほどの羨道を付したもので，玄門には柱石を立てて楣石，框石を備えていた。羨道に続いて墓道が墳丘外側に続いており，この点を除けば，隣接する十五郎穴横穴墓群にみられる横穴墓と共通する構造をもっている。

5 前庭部と墓道

羨道部の前面にテラス状の平坦面を造り出す例があるが，これを前庭部と呼んでいる。前庭部は，羨門の閉塞に必要な部分であると同時に，埋葬後の墓前祭的な行事に用いられた可能性が強い。須恵器や土師式土器が供えられ，それらが閉塞部に封じ込められている例もある。前庭部の床面は概して玄室・羨道部の床面よりも一段と低く造られているのが通例で，墓道はまたさらに一段と低く掘り込まれている。

墓道は，羨道部に接続するように造られているが，立地条件とも密接な関連があるように思える。すなわち，横穴墓造営の選地の段階で，横穴墓を造営しうる条件の固い地層または岩盤に到達するまでの距離に左右されると推定される。計画的な場合と，結果として墓道ができあがってしまう場合とがあるだろう。いずれにしても，墓道をもつ横穴墓の場合は，墓道に面していくつかの横穴墓が開口する例が多いから，無計画な造墓作業ではないと解釈してよいだろう。

6 横穴墓の構築

横穴墓群は，共同墓地としての性格が強く，墳丘を作らずに台地の側面に開口させることが必要なので，選地が第一の条件となる。

横穴墓掘鑿の可能な土地は，彼らの居住地に密接して存在するとは限らないから，古墳の立地条件とは基本的にことなるのではないかと考えられる。

横穴墓の成立や波及については，かつて，刳抜式舟形石棺の分布と横穴墓群の分布とがほぼ一致する傾向をもち，さらに装飾横穴墓の分布とも合致するという指摘があって傾聴すべきである[7]。石棺材切り出しの技法や，石棺刳り抜きの技法が，基本的には横穴墓掘鑿技術とかなり密接な関係に

あるのかも知れない。技術的な系譜はともかくとして，横穴墓の造営は，自然地形の中にどのように組み入れるかが第一の問題であろう。とくに，自然地形に全く左右される横穴墓の場合には，当初の計画通りに作業が進められたかどうか，はなはだ疑問がのこる。

横穴墓の掘鑿は，墓道・前庭・羨道・玄門・玄室という順序で，崖面から次第におこなわれるが，とりわけ前庭部の形成が重要な作業であろう。横穴墓本体の掘鑿作業の足がかりとして，また玄室主軸の方位とも関連するからである。多くの横穴墓は，その主軸が崖面の方位によって決定されている。羨門・羨道の規模は，閉塞の方法によってもことなるし，遺骸を収納する棺の有無によってもことなるであろう。羨門の形状は，前庭部の廂の形状とほぼ一致する形態を示すものが多い。

玄室の掘鑿は，羨門部の掘鑿から開始され，主軸に沿って羨門の規模ほどの掘り込みがまずなされ，それを坑道として玄室の掘鑿がおこなわれたものと考えられる。茨城県十五郎穴横穴墓群での調査経験からすると，横穴墓の周辺に，幅30〜40cm程度のきわめて小規模な，再葬あるいは改葬用と思われる横穴墓があって，これは羨道や玄門・羨門の区別なく掘鑿されている。これは玄門部から主として床面に主軸方向に走る，かなり鋭利なノミ状工具による痕跡をのこすものであった。この小規模な横穴墓は，横穴墓掘鑿の基本的な第一段階の作業ではないかと推定してみた。

他の一般の規模の横穴墓の床面にも同種なノミ状工具痕がみとめられるが，痕跡の幅に若干の差がある。小規模横穴墓のものは3cm前後のノミ状工具痕が，他は規模の大小を問わず5〜8cm程度の幅の痕がある。工具の原形は推定しえないが，直線的に走るこの痕跡は，おそらく基礎的な作業痕とみてよい。玄室をもつやや規模の大きい横穴墓の中には，天井・周壁部の一部に同様な痕跡をみとめうるから，同様工具による掘鑿はかなりの利用度があったとみてよいだろう。柄の長さを調節することで，深く・浅く・広い場所・せまい場所での作業が容易となるであろう。

人が中に入って作業ができる程度の規模をもつ横穴墓は，天井部，周壁ともにノミ状工具痕をのこすものが多いが，やや彎曲した削り痕をのこすものがある。これは刃部全体が彎曲した丸ノミ形の工具の使用を想定させるものである（写真参照）。

茨城県十五郎穴横穴墓群A-38号横穴墓玄室周壁の掘鑿痕

こうしてみると，横穴墓掘鑿については，おおよそ2種類の工具が使用されたものと推定される。しかし，岩盤の比較的固い所では丸ノミ形の工具で流麗な掘鑿痕をのこすことが不可能だったと思われる。この場合には，基本的には直刃のノミ状工具による作業になったと思われるが，総体的にみれば，掘鑿過程の工具痕は，ほとんどのこされていないと考えられ，最終的には仕上げ整形が，簡単な砥上げがおこなわれたとみるべきだろう。丸ノミ形工具による掘鑿痕は，玄室内天井部の装飾も兼ねていたのであろう[8]。また，玄室内には，棺台・棺床などが造り出されていたり，天井部に妻入り形屋根を模した例もあるから，床面は機能的に，天井部と遺骸安置部分は装飾的に，という意識が十分にうかがえる。

註
1) 十五郎穴横穴群発掘調査団編『十五郎穴横穴群発掘調査報告書』1981
2) 竹並遺跡調査会編『竹並遺跡・横穴墓』1979
3) 近年，墳丘をもつ横穴墓があるとの指摘がある。たとえば，福岡県竹並横穴墓群中（註前出）や山口県朝田墳墓群中（柿本春次ほか『朝田墳墓群I』1976）にみられる。
4) 斎藤　忠『長柄横穴群—千葉県長生郡長柄町横穴群総合調査報告』1977
5) 大塚初重・小林三郎編『勝田市虎塚壁画古墳』勝田市史別編I，1978
6) 大谷純仁・平野和男・向坂鋼二・山村　宏『掛川市宇洞ヶ谷横穴墳』1971
7) 馬目順一編『竹の下古墳』1970
　　いわき市史編さん委員会編『中田装飾横穴』いわき市史別巻，1971
8) 末永雅雄「横穴墓文化考」歴史読本，20—8, 1975

巨石の切り出し技術

橿原考古学研究所嘱託
奥田 尚
（おくだ・ひさし）

古墳時代の石切り出し技術は石材の節理面を鉄棒によって一枚ずつはがす方法から，矢穴をあけて割る方法へと進歩した

1 古墳の石室材に見られる加工技術

　大和・河内を中心とした前期古墳の竪穴式石室の石材，後期古墳の横穴式石室の石材，終末期古墳の石槨の石材についての切り出し技術について推考する。後期古墳としては，石舞台古墳，牧野古墳，向坊1号墳を例とした。また，用途不明の益田岩船についても言及する。

　奈良県天理市から桜井市にかけての奈良盆地東辺部には箸墓古墳を始めとする前方後円墳が点在する。また，大阪府藤井寺市，羽曳野市一帯にも津堂城山古墳を始めとする前方後円墳が散在する。大半の古墳は前期古墳に属する。現在，陵墓あるいは陵墓参考地となっている場合が多く，石材の観察し得る条件に恵まれないことが多い。竪穴式石室が観察される古墳はごくわずかである。石室の観察できる古墳では，板状の割石が水平に積まれている。また，後円部墳頂付近に板状の割石が散在する古墳は多い。これら古墳の石材の岩石種は輝石安山岩である。石材の推定される採石地は，大阪府柏原市国分市場芝山頂上部東斜面か，同市峠南方亀ノ瀬付近である。芝山では直径約150mのすり鉢状の窪地がある。いずれの場所も輝石安山岩であり，板状節理が顕著である。板状節理面に鉄棒を入れ，こじれば簡単に板状の石材が得られる。前期古墳の副葬品中に，長さ，太さには差があるが，鉄棒が見られる場合がある。例えば，桜井茶臼山古墳である。このような鉄棒が石材の切り出し用具であったと推定される。

　奈良県高市郡明日香村島庄にある石舞台古墳の石室材は巨石である。石室内面では平坦面を出すために削ったと推定されるノミ跡が認められるが，石材を割った矢穴の痕跡は見られない。石材の角は円みがあり，表面は磨滅していることから，谷川などに転がる巨石を採取したと推定される。岩石種はすべて石英閃緑岩である。岩相は明日香村一帯に広く分布する竜門岳石英閃緑岩の岩相に一致する。石舞台古墳付近では，古墳南側を流れる冬野川の流域に同質の岩石が見られる。使用されている石材の周囲の円さなどを考慮すれば，細川付近の谷川に転がる巨石を採取したと推定される。石材の撰択は，古墳の造営時に，石室の大きさを考え，それに見合う石材を捜し出す方法だったと考えられる。つまり，石材の大きさ，形，石材を組んだ時のかみ合い具合などを考慮して，谷川に転がる巨石を採取したと推定される。

　奈良県北葛城郡香芝町三吉にある牧野古墳の石室材には矢穴跡が見られる。この古墳の石材の岩石種は安山岩，花崗岩，閃緑岩，片麻岩と多種である。矢穴跡が2ヵ所に認められる片麻岩の巨石が数個ある。矢穴跡の1つの寸法は，縦8cm，横10cm，厚さ3cmである。割った面が石室面にあたる。この割り方は，巨石の周囲に自然面が残ることから，自然石の節理面に沿って矢穴をあけ，矢によって節理面を拡大したと言える。

　奈良県宇陀郡室生村大野の近鉄室生口大野駅北方に向坊1号墳がある。石室の前部は崩されている。現存する石室の左右壁に使用されている板状の石材の周囲の形は同じであり，矢穴跡も同じ形で，位置も同じであることから，両側の石は矢を入れて割ったものである。石材の岩石種は流紋岩質溶結凝灰岩である。使用石材には顕著な板状節理がある。また，割った面以外の面は表面が磨滅している。矢穴跡は上下，左右に2～3ヵ所ずつ見られ，同一の板状節理面を考慮して，周囲から矢穴をあけ，矢を入れて割ったと考えられる。矢穴の寸法は縦5cm，横2cm，深さ4cmである。技術としては，現在の石工が矢穴を連続的にあけて，目的とした大きさの石材を得るようなものでなく，節理面を拡大して石材を得たと言った方がよいだろう。向坊1号墳の石室材は，岩相，節理面と流理面の関係，板状節理の厚さ，石材の周囲に自然面が残ることなどから，同古墳南方の大野寺前の川原に転がる川原石の巨石を割って得たと推定される。割り方としては，同一節理を考え，節理面に合うように矢穴を転石の周囲にあけ，四

57

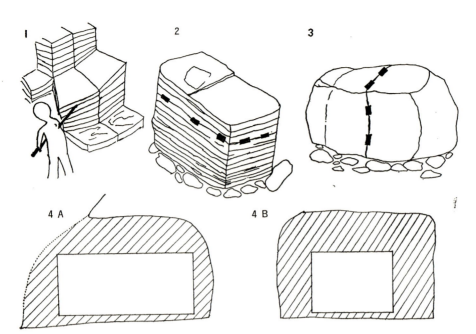

石材の採取模式図
1：鉄棒で板状節理の割れ目を広げて石材を得る。
2：板状節理の顕著な転石の周囲に矢穴をあけ，矢を入れて割る。黒い四角形は矢穴。
3：節理のある塊状の転石に矢穴を周囲にあけ，矢を入れて割る。黒い四角形は矢穴。
4A・4B：鹿谷寺跡付近に残る石材の切り出し跡，斜線部は露岩を削った跡。Aは横から見た図，Bは正面から見た図。

方から矢を入れ，節理面を拡大するようにして割ったと推定される。

　向坊1号墳の矢穴跡にしても，牧野古墳の矢穴跡にしても，矢穴の間隔が大きく，近世城郭の石材に残る矢穴跡のように，方形の穴を連続してあけ，意図した形に割るような技術ではない。

　奈良県高市郡明日香村越の牽牛子塚古墳や大阪府羽曳野市軽里の小口山古墳の石槨は，白色凝灰岩の巨石が使用されている。小口山古墳の場合は，一石を横から割り抜き，外面を家形に加工している。牽牛子塚古墳の場合は外面の加工が不明である。石材の岩石種は流紋岩質凝灰岩であり，岩相的には，二上山南西の鹿谷寺跡付近，同山西方の牡丹洞付近の流紋岩質凝灰岩と同質である。鹿谷寺跡や牡丹洞東方には石材の切り出した跡がある。切り出し方としては模式図の4に示すように，目的とする石材の寸法を考慮して，周囲に人が入って作業できるくらいの50〜60cmの幅を切り込み，周囲を切り取って，石材を切り出したと推定される。現在でも切り出した跡の切り込んだ部分には，平ノミや丸ノミの跡が多く残り，石材として採取した部分と推定される部分にはノミ跡が残っていない。鹿谷寺跡では，高松塚古墳，石のカラト古墳の石槨に使用されている石材の寸法とほぼ同じ寸法の切り出し跡が残っている。また，寺跡の北の谷には加工時や切り出し時に生じた石材片と推定される砕片が多く残っている。

　奈良県橿原市南妙法寺の山腹にある巨石造物，益田岩船は上部に方形の穴が2ヵ所ある。この石造物は，猪熊兼勝氏らの見解によれば，石槨の未完成品で，完成時には南側に90°回転させるとされている。松平定信によれば，平安時代に眼下に造られた益田池の碑文の台石であり，松本清張氏によれば，ゾロアスター教の祭壇であるとされている。いずれの説が該当するのか当否は別として，この石材は重量が800トンとも推定され，移動されたか，現地の石を利用したか興味が持たれる。移動を考えるに，

(1)　現在，石造物のある南西には，大正時代の中頃まで石材を切り出していた石切場跡がある。

(2)　石造物の上部は加工され，中部は加工途中の格子状の溝がみられる。下部は山地などに見られる自然石の面があり，谷川などに見られる磨滅面が見られない。

(3)　岩石種は石英閃緑岩である。この岩相は桜井市，明日香村，橿原市南部に広く分布する竜門岳石英閃緑岩の岩相と一致する。貝吹山や当付近一帯も同質の岩石である。

(4)　岩石中には黒色レンズ状の捕獲岩が含まれ，レンズ状の捕獲岩の方向は，露出岩の捕獲岩の方向と一致する。

(5)　古式の刳抜式家形石棺の加工では，現地でほぼ完成品に近い状態にまで加工した後，運搬

したと推定される。
　以上のことを考慮すれば，益田岩船の巨石は，現在地に露出していた岩石を加工して造ったものであると推定される。加工に関しても，矢穴跡が認められないため，ノミで削って現在のように加工したと推定される。

2　切り出し技術の変遷

　前期古墳の石室材のような板状の石材を切り出すには，板状の節理が顕著である岩石のある場所を選び，板状節理を一枚ずつ節理面にてこを入れてはがす方法を取ったと推定される。後期古墳の石室には巨石が使用されることが多い。巨石の石材には自然石をそのまま利用している場合と，矢穴跡があって割られている場合とがある。矢穴跡が残る古墳は牧野古墳が現在確認する限りで一番古い。時期的には矢を入れて割る技術が見られるのは7世紀に入ってからであると考えられる。高安城の倉庫跡の礎石にも牧野古墳と同様の矢穴跡が見られる。
　城郭石垣の矢穴跡については，中世末に築城された安土城の石垣の石材に始めて見られる。安土城築城時期に矢を入れて石材を意図的に割る技術が生まれたと考えられる。
　石材を切り出す技術は，古墳時代においては石材の節理面が利用され，鉄棒によって板状節理の岩石を一枚ずつはがしていく方法から，転石の巨石をそのまま利用する方法，次に転石の巨石の節理面に沿って矢穴をあけ，割る方法へと進歩する。高安城の礎石では，節理面と関係なく矢穴跡の見られる場合もあるが，転石の巨石の周囲に矢穴をあけて割る方法である。中世末に見られる石割りの技術は，一方から矢穴をあけることにより割る方法である。この技術は岩場などから石材を切り出せる技術にもなり，古代の矢穴の利用技術と雲泥の差がある。
　以上は節理面を利用した石材の切り出し方法である。節理面の見られない二上山系の白色の流紋岩質凝灰岩や播磨国一帯に広く分布する姫路酸性岩とよばれている黄土色の流紋岩質凝灰岩の切り出しには共通性がある。いずれの岩石にも節理が非常に少ない。また，転石でなく，露出する岩石から石材を切り出さねばならない。石材の切り出し方としては，鹿谷寺跡でみられるように周囲を削って切り出す方法である。加古川下流の石宝殿においても，矢穴が見られなく，ノミ跡のみであることから，鹿谷寺跡に残る石材切り出し方と同様であると言える。
　このような石材の切り出し方は，推測の域を越えないが，長持形石棺の使用され始めた時期に始まると考えられる。播磨国に発達した石材切り出し技術が，二上山系の凝灰岩を切り出す技術になったと考えられる。つまり，長持形石棺の石材の切り出し技術が，刳抜式家形石棺の石材の切り出し技術，さらに凝灰岩製の石槨の石材の切り出し技術に受け継がれたのであると考えられる。

石材運搬の技術
—近世城郭からみた道具を中心に—

関西大学講師
北 垣 聰 一 郎
（きたがき・そういちろう）

　巨石運搬具としては近年古市古墳群の中から修羅が出土したが，古代運搬具の実態を近世の城郭普請の例から探ってみる

1　石材の選定

　自然石（野面石）を使用した横穴式石室の構築には，石材があらかじめ用意される。これを近世城郭の石垣で紹介すれば，石垣とは，隅角部（出角，入角）と直線との組み合せである。ことばをかえると角石，角脇石，平石，それに裏込石（ぐり石）をもって構成されたものだといえる（図）。なかでも角石は，石垣全体を支える基礎石の役割りをはたすものであるから，その選択は入念に行なわれる。この場合，石材の精粗は石垣の旧新を探るさいの有力な材料となる。つまり，野面石を用いる技法は古く，加工石材をあつかう技法はより新しいといえよう。石垣はこうして，ある種の平面プラン（縄張り）に基づき構築された。
　ところで，野面石をもって築く近世初期の技術

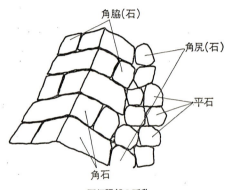
石垣隅部の呼称

に穴太積みがあった。織田信長の居城安土城の石垣は、この穴太積みである。今日この技法を継承する粟田万喜三氏によれば、「石が行きたいところへ行かしてやる」のだという。大・小さまざまな大きさの野面石を、石垣全体のバランスを考慮しながら、レンガを横積みするようにねかせて積む独特の技法である。近年明石城本丸の櫓台石垣を修築された粟田氏の脳裡には、構築前から石材の配石位置が、あらかじめ用意されている。このことは、野面石を使用する本来の穴太積み技法において、石材の規格を行なう意識が最初から存在しなかったことを物語っている。

以上の点をもとにして、横穴式石室に照らすとどうか。前述した石垣の隅角部（出角、入角）の構造は、玄室部を構成する四壁隅部の入角と、出角に相当する基礎部（門石）からなっている。このように解すれば、石室を構成する石材の配石法は、近世初頭の石垣にごく一般的な、穴太積み技法そのものだといえる。きわめてわずかな例ではあるが、私の実見しえた大和地方の横穴式石室のうち、大石や巨石を用いるものは、原則としてこの技法を採用する。野面石を採用した最後の巨石墳である石舞台古墳の場合は、まさに、「石が行きたいところに行かしてやる」技法だといえる。この場合、石材は、その一本一本がそこへ配石されることによって、バランスがとれ、構造的にも安定する。以上、石材を選定する必要性を述べた。

ところで、近世における巨石運搬を示す例としては、天正4年の安土山城普請のさい、信長は蛇石という名石を山頂部の天守台近くへ引きあげるのに、日夜三日を徹して1万余の人数を要したという（『信長記』）（もっともルイス・フロイスは、6,7千人という。『日本史』）。また、同14年京都方広寺の大仏殿建立のとき、豊臣秀吉の臣、蒲生氏郷が引いた大石（2間に4間とあり）には3,900人がかかっている（『太閤記』）。慶長15年の尾張名古屋城普請における加藤清正の場合は、大石は地車にのせ5,6千人でこれを引いたという（『続撰清正記』）。この場合の地車とは、おそらく修羅をさしたものとみてさしつかえないと思う。また、大阪城に現存する蛸石（太平石(おおひらいし)）は推定重量130トンもある。

江戸時代におけるこれら身隠し石と称される大石、巨石の性格は、一種の献上石であった。石材は毛氈、綴子につつまれ、石の上には異形のいでたちをした木遣りと鳴りものがつく。巨石の牽引には多大の労力と瞬発力とを必要とする。牛馬を使わぬ理由でもある。石舞台古墳石室の天井石の最大は77トンと推定されている。同巨石古墳に使われた石材もまた、有力豪族に対する一種の献上石であったかもしれない。また、こうした古代の巨石は、近世城郭での中枢部に使われた要石(かなめいし)、つまり城を精神的な面からまもる破却石（鏡石(かがみいし)）の役割りをはたした可能性も全くなくはない。

2 古代の運搬具

重量物運搬具には、その地形的条件にしたがい水上輸送と陸上のそれとがある。このうち、水上運搬具を考えてみよう。例えば筏組みの存在はよく説かれるところではあるが、筏とは杣山より伐り出した木材を一定の長さに規定して、それを蔓などで一組に結い、それを河川で運ぶものである。したがって、筏は本来重量物をのせる構造にはなっていない。それに対して、近世では修羅舟という石材運搬船がある。修羅舟は別名、平太舟(ひらだ)、団平舟(だんべい)とも称し、寛仁元年（1017）藤原道長が石清水八幡宮参詣のさい、淀川を「平駄舟(ひらだ)」で下った記録が最初のものであろう（『日本紀略』）。浅瀬のある河川で使われた平駄舟（船幅は広く船底を浅くとった）は、近世の平太舟と構造を一にする。時代をこえた技術の伝播が想定できる。もっとも斉明天皇紀2年（656）9月条には、大和の田身嶺（多武峰）の東の山に石を輸送のため、「舟二百隻」を用いたことが記載されてはいるが、その構造は定かでない。

近世の城郭普請で使われた一般的な運搬法としては、石材の底部を除いて綱をかけ、数人で直接

鎌倉時代の牛車の図（石山寺縁起絵巻，部分）

牽引する「直引き」や，今日，各地に残る地車（山車）の一種（四輪車）が使用された。加賀藩でも石（切）丁場から急坂を下るさいの技法のひとつに使用された。牛車は平安貴族の都における乗りものとして知られているが，鎌倉期には絵巻物にも散見できるように大木運搬具へと変化した。この伝統を受けたものが，これも城郭普請（しかも平坦地のみ）で使われた牛車引きとなる。石材も牛一頭で牽引できるものに限定される。もっとも，奈良時代には「牛車」のほか，「間車」，「小車」の存在が知られてはいるが，その構造については明らかではない（『正倉院文書』）。また1トン内外の石材の場合には，石吊りが採用された。電柱のような一本の心棒に，横木を配し，40名近くで吊り出す方法である。この技法の伝承は，現在もなお，近江や北陸，さらには各地にもあって，そのひとつひとつが，生活の知恵のなかで支えられたきびしい約束事となっている。それは危険防止への対処法でもある。

もっともポピュラーな運搬具としては修羅がある。近年，大阪府藤井寺市の古市古墳群のなかから出土した修羅（この期の呼称は「そり」とか「木ぞり」が適当）の構造は近世の修羅と全く異なるところがない。ところで，従来修羅の語源については，仏典にみえる帝釈天と阿修羅王の争いにちなんで，帝釈，すなわち大石を動かす（阿）修羅という俗説が生まれたのである（『塵嚢鈔』）。この俗説は15世紀になって，京都五山僧（学問僧）が作った一種のシャレことばである。修羅以前の一般的な名称は，そり（橇）ではなかったか。橇はその形状から「反り」返る構造をもつところから，ショリ，ズリ，ソーラなどと称す。しゅらの発音も，こうしたことと全く無関係ではないと思う。

ところでこうした一種の牽引力を要する一人一日あたりの仕事量は，どのようにして算出するのであろうか。さきの「直引き」例は，加賀前田家が，自藩の石切丁場の石引きで用いている。まず石材の重量に対して員数割りを行なう。これを夫図りという。つまりここでは現場での上下勾配，所要時間，そして距離をふくめた一日の仕事量をひとつの単位として考えている。こうして得られた一人一日あたりの割当重量は，約40kgとなる。今日われわれが，なにげなく使っている仕事量単位とは，全く異なった概念だといえる。それは次の例でもいい得る。平安時代の成立になる『延喜式』（木工寮）では「人担」をあげている。人担とは，一日一人が担える量（大60斤＝約38kg）をいう。つまり，ここでは時間，距離をふくめた割当重量とみなすことが可能である。

運搬具としてのロクロの初見は貞観3年（861）の東大寺大仏開眼供養のさい，仏眼をロクロで運びあげたとするものであろう。その後鎌倉時代の例では，東大寺を復興したさいの部材の伐り出しにさいして使われた大ロクロと大綱の例がある（『玉葉，東大寺造立供養記』）。このとき使用されたものは，近世の城郭普請に使われている大・中・小のロクロのうち，大型ロクロ（心木長さ9尺，土台木長さ2間半，さお木長さ3間半）にきわめて近く，ロクロ綱の場合も長さが80尋(121m)，直径は14.3mもある大綱である。またロクロの構造，大綱（麻綱使った苧綱）についても，鎌倉・江戸期の例と基本的には異なるものではない。もっとも，大木の幹分かれを利用した一本造りの修羅は，近世城郭普請の盛行するなかで変化する。石材の大量需要は石材の規格を促進させ，さらには運搬具としての修羅に，大・中・小三様のタイプへと規格していく。その構造は，3本の軸木に横木を架けたものである[1]。

以上，本稿では近世で活用された運搬具を通じて，古代への若干の接近を試みようとした。近世の運搬具が量産体制のなかでおこる労働力の組織化をはかるものであったことに対し，古代はどうであったのか。また，石材運搬の実際的な技術とは。こうした問題については別稿で論じたい。

註
1) 北垣聰一郎「穴太の系譜と石材運搬」日本城郭大系，別巻1，1981

建築学からみた横穴式石室

文化財保存計画協会理事
■矢野和之
（やの・かずゆき）

日本最初の石造建築とみなすことのできる横穴式石室は楣形式，疑似ボールト形式，ドーム形式に3区分することができる

日本では木造建築が主流で，西洋のように石造建築が発達しなかったというのが定説になっている。しかし，いくつかの例外がある。その一つは横穴式石室で，形態的にも技術的にもバリエーションの豊富さは，立派な石造建築として位置づけられよう。ここでは建築学的にみた横穴式石室の構造形式を中心として述べてみたい。

建築学の立場からみると，戦前の報告書の方が，細かい点でまだ未熟であったにしても，問題の捉え方は多角的で，戦後の方が画一的であるように感じられる。実測図にしても，現在のものは単に形態の記録を目的にしているため，構造や工法までを写し取ったものではない。本来図面とは，極端にいえば，石室自体が崩壊したり，埋滅したとしても再現できる"造ることのできる図面"でなければならないはずである。現在描かれている実測図の多くは，後述するような楣形式かドーム形式かという単純な構造の違いさえも表現できていない。このことから考えると，作業は大変であろうが，天井見上図だけでも一枚加えてほしいものである。ここでは横穴式石室を構造・空間デザイン・工法の3つの視点で論を進めていく。

1 石室の構造形式

日本における横穴式石室を大別すると3形式となる。1）楣形式，2）疑似ボールト形式，3）ドーム形式（持ち送り），さらに中国や朝鮮まで加えると，4）ボールト形式（アーチ），5）ドーム形式（アーチ）の5種類となる。

（1）楣形式

これは壁を立ち上げ，その上に天井石を載せるタイプで，基本的には壁が上載荷重と土圧を受ける構造である。たとえていえば，重力式ダムといったものである。竪穴式石室や小型の石室は問題ないが，大規模な石室になると巨石を使用するか，巨石を使用しない場合は壁石の2，3倍の量の裏込石を利用して安定を図るケースが多い。石舞台古墳に代表される畿内や瀬戸内に分布する巨石墳は前者の例であり，観音山古墳のような北関東に分布する巨大な石室は後者の例であろう。この他，うなぎの寝床のような細長い石室も楣形式の範疇に入るであろうが，この細長い石室が示すとおり，この形式で巨石化や大規模な裏込め工法を用いずに空間を拡大する手っ取り早い手法は奥に伸ばすことであろう。

楣形式の空間は側壁と天井がはっきりしている箱のようなもので，外へ向かって広がるようなイメージはなく，静的で，整った美しさをもっている。この構造は，大きなものをつくるには，石材を大きくするしかなく，橋などの他の土木事業には応用し難い性質をもっている。

（2）疑似ボールト形式

ボールトとはアーチ[1]を連続してトンネル状の構造物をつくるものをいう。アーチのかわりに持ち送り（コーベルアーチ）を使用しているものを疑似ボールトとして区別している。これは，世界各地の古代遺跡には必ずといってよいほど出現しているもので，アーチ[2]受容以前の構造か，あるいは，アーチの退化したものとして捉えることができる。

このタイプは，前に述べた楣形式と日本では一線を画し難いが，明らかに異なる意図で空間をつくっており，技術系統に違いがある。この形式の典型的なものは奈良県桜井市にある舞谷古墳である。韓国公州の武寧王陵（塼を用いたボールト）の系統のもので，スケールが小さくなって，石造の疑似ボールトに退化した例が扶余の陵山里中下塚であるが，舞谷古墳は明らかにこの延長線上に考えられるものである。また，千葉県の岩屋山古墳や島根県の放レ山古墳は疑似ボールトに近い形として，朝鮮との直接的つながりが推定されるものである。

この他，持ち送りの急なタイプや，和歌山県にある岩橋千塚の結晶片岩を素材とした天井の高い形式もこのタイプに含めてよいのではなかろうか。

考古学の分野では持ち送りが急であるとボール

ト状の場合もドーム状という言葉を使う傾向があるが，これは間違いで，ボールトとドームは使い分けなければならない言葉である。

空間のイメージは，ドームほどではないにしても上への広がりを感じさせるものである。日本にあるものはほとんどが小型のもので，マヤ遺跡をはじめインド，東南アジアには疑似ボールトによる巨大な石造建築が豊富である。

正式なボールトはアーチ構造を用いたもので，中国や朝鮮の塼室墓に用いられており，百済の武寧王陵，宋山里6号にその例があるが，世界的にみると中近東からローマを経て広まったこの形式がヨーロッパの建築の根幹をなすものとなった。

（3） ドーム形式（持ち送り）

ここでいうドーム形式とは，平面が方形に近く，石材を持ち送って半球状の石室を形成するものを呼ぶ。つまり，水平で切った断面が，円または楕円形を呈するものである。いわゆる肥後タイプと呼ばれるもので，安山岩割石を使用した熊本県の富ノ尾古墳，凝灰山岩切石を使用した井寺古墳に代表されよう。ただし，同じようなつくりでありながら，四隅に稜線[3]のあるタイプもあるが（佐賀県島田塚古墳，兵庫県馬立1号墳，奈良県宮山塚古墳など），これらも一応同じグループに入れてもよいと思われる。

この半球状の石室はどのような構造でなりたっているのであろうか。ドームの形状をもつものでもボールトと同じように2種類の構造が考えられる。一つはアーチ構造であり，一つは持ち送り（コーベル，corbel）で構成しているものである。

アーチに比べて持ち送りでドームをつくる場合，仮枠（支保工）が必要でなく，封土を石積みと同時に締め固めていけば，案外た易く築造できるものである。このため疑似ボールトと同じく，アーチ受容以前によく用いられたもので，アーチが伝わった後でも，築造し易いので用いられているケースが多い。ギリシャのミケーネにあるアトレウスの宝庫はとくに有名であるが，ユーラシア，アメリカ，アフリカのすべての大陸に存在している。加えて，墳墓だけでなく，イタリアのアルベロベロ地方では住居に使われている。このアルベロベロの住居は一つの部屋に一つのとんがり帽子状の屋根をもっていることでもわかるように，空間を広げるためには同じものを2つ3つと増やしてい

横穴式石室の形式表

構　造		平面形	空間イメージ	空間拡大の手法	使用石材	備　考
(1)楯形式		長方形	奥へのびる	奥へのばす 巨石化してスパンを広げる	硬石 大きな石	安定のためには裏込めが重要であるが巨石の場合裏込めがなくても自立
(2)疑似ボールト形式（持ち送り）		長方形	奥へのびる 上へ広がる	奥へのばす 巨石化してスパンを広げる	軟石 小さな石	裏込めが絶対必要で，これがないと崩壊する
(3)ドーム形式（持ち送り）含ラテルネンデッケ		正方形 隅丸方形	上へ広がる	室を増やす（複室にする）	軟石 小さな石	裏込めの石材は必要なし。封土の叩き締めが重要で平面的アーチ効果
(4)ボールト形式（アーチ）		長方形	奥へのびる 上へ広がる	アーチを組み合わせる（交叉，ボールトなど）奥へのばす	軟石 塼	裏込め必要なし アーチで自立 日本に例なし
(5)ドーム形式（アーチ）		長方形 円形	上へ広がる	アーチを組み合わせ大空間をつくる 室を増やす（複室にする）	軟石 塼	〃

本表は構造を中心として作成したもので，平面形態など他の要素を合わせるともっと細分化できる。
また平面形と使用石材は原則であって，例外も多い。

楣形式　奈良県岩屋山古墳　　疑似ボールト形式　奈良県舞谷古墳　　ドーム形式（持ち送り）　熊本県富ノ尾古墳
（写真撮影・三沢博昭）

ボールト形式（アーチ）　韓国武寧王陵

く手法がとられている。ドームと複室とは構造からくる不可分の関係があるものといえる。

複室でドーム形式の石室（塼室）は，中国，朝鮮に分布しているが，日本における複室の石室は，日本独自に空間拡大した結果と理解できなくもないが，そのはっきりした過程がつかめないので，あるいは，はじめから複室という形態で大陸から伝播したとも考えられる。

ドーム形式の一変形として三角持ち送りという形式（ラテルネンデッケ）があるが，日本では熊本県の上御倉古墳や佐賀県の島田塚古墳の例のように，石積みのディテールとしてのみ用いられているにすぎない。しかし，この形式は，ドームと同じように北アフリカ，インド，中国，朝鮮に分布し，神殿に，ジャイナ教や仏教寺院に，墳墓にと天空をシンボライズしたデザインとしてよく用いられているケースが多い。本来は木造の構造手法であったのが，石造に用いられるようになったと思われ，中国の方形（ほうぎょう）の建物はほとんどこの構造をと

っており，アフガニスタンの民家では現在も天窓をもつ部分に用いられている。ともあれ，ドーム形式は上へ外へ広がるイメージがあり，天空の象徴として考えられる。井寺古墳のように天井石さえも刳り，ドーム形を完結させている例もある。

この他，特殊例としてトライアングル（合掌式）という形式も世界に分布し，日本では長野県の空塚古墳に，朝鮮では公州の柿木洞古墳にその例がある。

2　石室の工法及びディテール

（1）裏込め

裏込め石は，竪穴式石室では構造的に不必要な範囲まで存在する例が多く，主体部の領域設定を表現しているものか，先行する形態（日本以外）があって，その形式化したものか，または石による霊封じ込めのものなのか，いずれにしてもシンボリックなものであろう。

横穴式石室の裏込めは北関東の例にあるように礫を使用することが多いが，楣形式でも裏込めがない場合もある。これは壁石の裏をよく叩き締める（場合によっては砂質土と粘性土を交互に叩き締めることもある）ことによって壁石と封土を一体とした構造に造り，安定させている。

ドーム形式の場合，土の叩き締めは必要であるが，裏込めというほどのものは必要ない。これは，水平面でのアーチ効果を期待できるためで，現実に熊本地方のドーム形式の石室には裏込めがないのが普通である。

(2) バットレス（控え）

壁のうち構造的にとくに重要なものが3か所考えられる。根石，力の変換点の石，天井直下の石（調整用の石を除く）がそれで，それぞれ大きな石を使用したり，奥に長い石を使用して力学的バランスをとっている。とくに力の変換点の石は封土や天井石の荷重を外方向へ逃してバランスをとり，側壁の内側への倒れ込みを防いでいる重要な石である。天井直下の石は天井石と封土の荷重を壁に伝える役目をもっている重要な石で，この石が正常に働かないと天井石の落下につながる。根石はいうまでもなく，壁に伝わってきた荷重を地面に伝える役目を持つもので，地盤の強さとあいまって，この石が動くと全体のバランスが崩れてしまう。このため，群集墳などの小円墳の場合は，地山に掘り込んで，大きな根石を据えるケースが多い。

(3) 天井石

天井石は一般に横架材として側壁の上に設置するが，巨大な石を使用することが多いので，巨石の取得と運搬には古代人も非常に苦労したところであろう。この天井石をわざわざ遠くから運んで来た例も多い。この点，ドーム形式の石室は熊本県富ノ尾古墳のようにほとんど天井石とみなすものがないか，非常に小さい場合が多い。群馬県の観音山古墳のように側壁に対して天井石のかかりが少ないため崩壊したとみられる例もあるようだ。

天井石が崩壊するか，人為的に持ち去られると石室の崩壊の速度は早い。側壁は上部からの荷重により石と石とが一体化しているから安定しているが，これがなくなるとバラバラになり易い。

天井石といえば，筑後川流域や北関東に分布する平面が胴張りをもつ形式には，天井石が落下している例が多い。これは，持ち送りドームと楣形式の中間的なものであるため，構造が中途半端になってしまったためかも知れない。

(4) 石棚・石梁

熊本県の菊地川流域では，石屋形の屋根が石室にビルトインされて石棚状になっていく過程がつかめる。たとえてみれば，置き家具が造り付けの家具となり，建物に組み入れられ構造的に利用されていく過程と同じである。他の地方（福岡県や和歌山県）の石棚がこれと同じ発生過程かどうか疑問であるが，ここでは石棚の構造的意味について述べてみよう。石棚は前述した力の変換点の位置に配され，石棚の上から持ち送りが急になっていることからも，石室の構造的な安定を図っていることがわかる。福岡県の竹原古墳は石棚の上がドーム形式となって円形に石材が持ち送られており，和歌山県の岩橋将軍塚の奥壁は石棚の上と下では石の積み方が異なっている。岩橋千塚の石室にある石梁は，左右の壁に深く入っているはずで，側壁の倒れ込みを防いでいる。マヤ遺跡にもこれと同じ手法がとられており，その他の遺跡にも散見されることから，疑似ボールト形式に共通する発想ではないだろうか。いずれにしても石棚や石梁という発想は，ドーム（持ち送り），疑似ボールトの形式と表裏の関係である。

以上は，建築学的発想で横穴式石室を見た時に気づいたことを大まかに述べたものであるが，石室の修理をすると，観音山古墳のように石の積む順序，積み方が石室に与えている状況がよくわかる。これらのことは，また機会があれば，構造形式ごとに述べてみたい。

註
1) 楽浪や百済の塼室に用いられたアーチ構造は，朝鮮では寺院や宮殿の施設（石氷庫など）に使用されていくが，日本では江戸時代の石造アーチ橋まで受容されなかった。これにはいろいろな理由が考えられるが，a塼をあまり使わなかった，b支保工が必要，cπの計算が必要，d百済ですでに退化した疑似ボールトという形式で日本に入ったという歴史的タイミングなどが影響していると思われる。このアーチが伝播しなかったのが日本の石造建築の発達を阻害した大きな理由であろう。
2) アーチ構造はメソポタミア地方でBC3,000年頃に発生し，東西に伝播していったといわれており，台形に成形したレンガ（塼）や石を円形に積み上げ，部材には圧縮力だけがかかるようになっている。積み上げるには一旦仮枠（支保工）を木か土でつくり，アーチ完成後取りはずすという工法である。圧縮力に強く引張力に弱いレンガや石に最適の工法で，割合小さな部材で大空間をつくり出すことができる。その反面，楣形式や持ち送り形式に比べて高度な技術が必要となる。
3) 九州に分布するドームとは異なり，四隅の稜線がはっきりしているタイプが畿内にある。これは片袖であって朝鮮のドーム形式の石室（宋山里5号墳，四阿天井塚）と共通するものが多いことから，朝鮮との直接的つながりが考えられる。

未完の古墳
―益田岩船と石宝殿―

■ 猪熊兼勝
飛鳥資料館学芸室長

1 益田岩船の場合

奈良県橿原市の南部，岩船山頂上近くにある益田岩船は，跳び箱を思わせる台形状の花崗岩の石造物である。その寸法は東西幅 11m，南北奥行 8m，高さ 5m あり，巨石の頂上と東西の側面に幅 1.65m の帯状をした深さ 10cm の窪みがある。

益田岩船は平坦な頂上に対して東西と北側はほぼ垂直に切り立つが，南面はゆるやかに傾斜する。頂上の窪みの両端には 1.4m 離れて，一辺 1.6m の正方形をした穴を穿っている。

これと大変似た石造物は兵庫県高砂市生石石宝殿と，益田岩船南 500m にある奈良県明日香村越の牽牛子塚古墳がある。益田岩船は空に向って2個の穴があるが，牽牛子塚古墳は横から双室を穿り出している。益田岩船と石宝殿は用途が明確ではなく，牽牛子塚古墳が古墳の石室であるところをみると，古墳石室が加工途中で放棄されたと思われる[1]。益田岩船古墳，石宝殿古墳として完成しなかった未完の古墳を詳細に観察することによって，石室の製作過程が明らかとなろう。

牽牛子塚古墳のような石室は石棺式石室[2]と呼び，明日香村野口にある鬼雪隠・俎古墳のような一人埋葬用の単葬墓を二室作ったことになる。7世紀，飛鳥，斑鳩，河内飛鳥，摂津阿武山に集中して分布する石棺式石室は，奈良県桜井市阿倍岬墓古墳のような大形の家形石棺をともなう横穴式石室を源流と理解することができる。初期の石室には大阪府富田林市新堂お亀石古墳のように家形石棺の小口面に入口を設け，羨道を家形石棺に取り付く形式となる。したがって石棺式石室の製作は家形石棺と同じ方法によるものと思われる。

石棺式石室の系譜は7世紀中頃以降羨道の省略化にある[3]。これは明日香村上平田高松塚古墳，同地窪マルコ山のように家形石棺の外観そのままの石室と，鬼雪隠・俎古墳のように内部だけ模す形式に分れる。さらに鬼雪隠・俎古墳の場合，刳抜式家形石棺の天地が逆位置になる。ちょうど，花崗岩製の家形石棺の身の部分を刳抜場合と同じ製作方法をとるのであろう。

花崗岩の表面整形はハンマーによるタタキ，さらに緻密なコタタキとノミによる加工であろうが，大きく窪ませるには横方向ではなく，上から下へ叩く方法が最も容易なことであろう。

2 石棺式石室の加工

益田岩船は北と東西面に幅 10cm，深さ 10cm の直線彫の溝が一辺 30cm 平均の格子状に彫り込んでいる。北壁面では上半部は平滑に整形しているが，下半部には縦溝が 30 条，横溝が 7 条ある。上半部の整形痕をみると，一辺が 1.2m ほどの範囲で平滑にする。これは 30cm を単位とする溝彫方眼からみると，4区画をまとめて整形したものである。

下半部の整形痕は花崗岩の表面加工手順がよくわかる。これでは溝彫の始めの方眼に囲まれた岩肌は起伏の激しい粗雑な野面であって，溝彫が深い。次第に方眼溝を細分割しながら平滑部分を増やしてゆく。このような溝彫による石材加工技法は亀石や，石人像など飛鳥の石造物に共通する痕跡である。

益田岩船の平滑な部分は頂上，南斜面，北側面上半部と方形穴の側面にあり，加工途中の溝は東西側面と北側面の下半部である。これは益田岩船全体の上半部が平滑となり，完成に近い状態であるのに対し，下半部に整形中の溝が集中している。石材の規模からみても益田岩船が後世移動していないことは明白であるところから，現位置のまま加工し，上から下へ向って徐々に作業が進んだことは間違いない。

これと同じ構造の牽牛子塚古墳は二上山の凝灰岩の巨塊を刳り抜いたもので，石室の寸法から推定すると高さ 3m，幅 5m，奥行 4m ほどの巨石を使う。南正面には高さ 1.1m，幅 1.4m の入口を穿いており，双室の境は幅 50cm の壁で仕切っている。石室は双室ともほぼ同寸法，天井はゆるやかな弧状，床には棺台を彫出している。棺台の高さ 5cm，幅 1.15m，奥行 2.7m を測る。この石室の奥行は入口から測ると 3.5m となる。

益田岩船は頂上に双穴があり，石室となった場合，奥壁となる底石は荒い粗面で周囲が溝彫のままである。これを牽牛子塚のような石室製作途中とすれば，まだ半分しか彫り下げていないことがわかる。穴底の四辺に溝を彫り，その内側を粗雑に叩き欠く方法は，益田岩船の表面加工法を反復していることであり，垂直な側壁面は現在のサゲフリの役を果す錘と糸さえあれば加工は可能であろう。一辺 1.6m の方形穴は東壁の方眼の5区画分にあたる。

では，何故このような巨大な石室を製作途中に，突然放棄したのか問題となる。飛鳥の花崗岩は黒色砂岩をところどころに含んだ，いわゆる捕獲岩であり，煤爛ぎみの軟質のため節理部分に亀裂が生じやすい。益田岩船は頂上面に2条，南傾斜面2条の亀裂があるが，いずれも浅い割れ目で止っている。北側面には西下りの大きな亀裂が通っており，とくに西半分は斜めに走り，西方形穴の水が漏水している。2個の方形穴の水溜の排水と，堆積土を除去すると，東穴は亀裂がないのに，西穴は深さ 1.3m のところで内壁まで通っている。このように予期せぬところに節理面の亀裂が深く入りすぎていたのがわかったのであろう。現在と同様，亀裂から雨水が漏水したのかもしれない。このまま横に起すと，石室は分離することは明らかである。

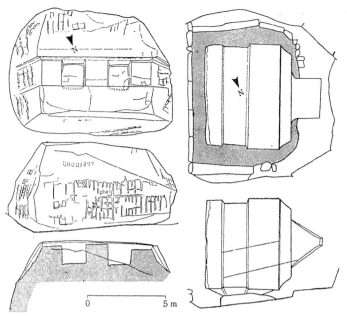

益田岩船（左）と石宝殿（右）
（西谷真治「益田岩船補考」および同「石宝殿」に加筆）

　飛鳥周辺の丘陵では花崗岩を掘り出すことが多い。掘出石の場合，石ごとに節理方向にバラツキがある。益田岩船も現在地あたりで掘り出されたのであろう[4]。

　現状から益田岩船の造墓工程を推測すれば，巨塊の花崗岩を部分的にしろ掘り下げ，全体の規模を知ったうえ，足場のために再び周囲を埋め，頂上から整形しながら排土したのであろう。上半部がほぼ完成し，方形穴が深さ1.3mまで彫り進んだ時に節目の亀裂が西穴にまで達していることがわかったのであろう。作業はここで中断している。

　その後の工程は牽牛子塚古墳，高松塚古墳，奈良県香芝町平野塚穴山古墳などの成果を参考に復原できる。それによると益田岩船の北前の丘陵斜面に土盛りをし，次いで附近の粘土層，砂土，小礫を互層の版築状に地盤固めをする。こうして益田岩船周囲の土を移動することによって，頂上面を横正面に倒そうとしたのであろう。さらに版築状の地固めによる墳丘盛土をし，墓道の掘削の後，埋葬とその儀礼を催し，扉石による閉塞をする。最後に墓道も互層に土をつき固めた上，全墳丘に数層にわたる盛土をしなければならない。墳丘土の盛土にともなって，周囲の地形を大改造する必要があった。牽牛子塚古墳の状況からみれば墳丘裾周囲を外護列石で飾った重層の八角形墳に造る予定だったと思う。

3　石宝殿の場合

　石宝殿は通称竜山石と呼ばれる石英粗面岩質凝灰岩の採石場にある。高さ5.5m，幅6.5m，奥行7mあり，家屋形を倒したような形をしている。現在は生口神社の神体石となり，家屋の床裏から拝むようになっている。

　ここは全山竜山石の岩盤で，彫り出し[5]がほぼ完成し，底石切離し直前に中断している。頂上面は神木が茂るため石の構造はわからないけれども，両側面の中央に1.65m幅の窪みがあり，益田岩船の方形穴の一辺と一致する。

　竜山石は節理面の亀裂が多く走る石質であるが，石宝殿自体にも同様の亀裂がある。とくに北側の岩盤に走る2条の亀裂は相対する石宝殿の西側面と同一である。同一岩盤であった証固でもあるが，おそらく石宝殿をこのまま東へ起すと節理面の亀裂が分離するのは明らかである。石宝殿は石室外観はほぼ完成しており，他所へ運搬するには整形が進んでしまっている。この場所で古墳を築こうとした可能性が強い。この位置で石室を立てるには東の岩盤をもう一段，彫り下げながら落し込まねばならなかったであろうし，また墳丘盛土，さらには，墓域ともなる周囲の環境の改造も考慮する必要があったと思う。

　益田岩船，石宝殿が他の7世紀の石棺式石室と違うところは石材の産地で古墳を築こうとしたところにあり，石室の完成をまって墳丘の基礎地業をする予定であった。つまり，同時代の単葬墓と同じ方法で一石を双室にしようとしたため，巨大な石塊が必要となった。このあたりに2個の巨石墳が未完成に終った原因があろう。

　益田岩船と石宝殿が石室として未完成に終ったため牽牛子塚古墳が造られたと考えている。

　註
1) 火葬墓説は川勝政太郎「益田岩船墳墓説」史迹と美術，346，1964，西谷真治「益田岩船補考」史迹と美術，401，1970がある。石棺式石室説は拙稿「石宝殿」自然と文化，1977秋，神戸四郎次「益田岩船の再検討―横口式石槨説」古代学研究，87，1978，間壁忠彦・間壁葭子『日本史の謎・石宝殿』1978などがある。
2) 石槨ともいう。家形石棺にその原形を求めることができる。
3) 拙稿「飛鳥時代墓室の系譜」奈良国立文化財研究所・研究論集，3，1976
4) 石材を他所から運搬したとする論稿に斉藤国治「益田岩船は天文遺跡か」東京天文台報，65，1975がある。
5) 大阪府太子町二上山中の岩屋寺層塔（凝灰岩製・8世紀）はこの方法で削り出している。

　なお，本稿の詳細は「益田岩船考証」関西大学考古学30周年論叢，1983に記す。

特集 ● 古墳の謎を解剖する

古墳築造技術者と労役者集団

明治大学講師 遠藤元男
（えんどう・もとお）

前方後円墳などの設計プランの創始者は土師連であろう。また石室の架構と石棺の製作にたずさわったのは石作連であったろう

　古墳が築造されたのは古代の3世紀末から8世紀初めのこととされている。時代的には少なくとも400年以上の長い時期であり、しかも地域的には北の東北地方から南の九州地方というように全国的に分布している。しかし、古墳は先進地域の葬送儀礼とそれに基づく墓制であるから、当然のこととして、そのパターンが地方の後進地域に伝播するとしても、後進地域の社会構造や技術段階によってその通りであるというわけにはいかない。古代奴隷制がどの程度に浸透しているかによって相違がでてくるとしなければならない。

　古墳の築造には、設計図の作製、土砂の運搬、周湟の掘削、墳丘の造成、葺石用の礫の採取、石室用石材の運搬と架構、木棺・石棺・陶棺の製作、埴輪の製作、人夫の徴収という工程があり、主として土木技術によるものであった[1]。

　古墳時代の土木技術がどんなものであったか。その間に朝鮮や中国からの新しい技術の導入もあったが、それが積極化するのは5世紀以後のことである。文献によって、こうした事情をみるとしても、先進地域についてのことであり、しかも5世紀前後の情況としなければならない。

1　土師氏と設計プラン

　まず、設計図の作製ということである。設計図が始めから実際に作製されたかどうかはわからないが、設計が行なわれたことはたしかである。目測によることもあったが、厳密に距離が測定されることもあった。その基準となったものは身度尺の尋（ひろ）である。7世紀末にはじめて制度の唐尺が採用され、それまではこうした尋が慣用尺として使用されていたとする見解は賛成である[2]。646年（大化2）3月のいわゆる薄葬令にも、方墳の墳丘の大きさは尋で指示している。

　ところで、そうした設計者は誰だったろうか。古墳のなかで、もっとも代表的な墳丘の前方後円墳は日本独特のものといわれるが、そうしたプランの創始者は土師連（一部は684年〈天武13〉に宿禰と改姓）ではなかったろうか。

　土師氏は9世紀初めには神別の天孫で山城・大和・摂津・和泉に居住していた（『新撰姓氏録』）。土師氏の初見は垂仁天皇の皇后の日葉酢媛がなくなったとき、土師氏の祖の野見宿禰が人を殉死させる代りに埴輪をたてることを献策して、出雲国の土部100人を指導してそれらを作ったということであり（『日本書紀』垂仁32年7月条）、そのとき土師部を定めたともいう（『古事記』垂仁記）。この出雲は島根県のことではなく奈良県桜井市の出雲であり、ここでは今も土人形をつくっている。

　さて、土師氏の職掌として、治部省被官の諸陵司（後に寮）に陵霊・喪葬・凶礼・諸陵および陵戸の名籍を掌るとあり、そこに伴部として土部10人がいて凶礼を賛相（たす）けた（大宝『職員令』）。義解はそれに注釈して、「凶礼は終りを送るの礼をいう、すなわち土師宿禰の年・位の高・進なるものを大連、その次を少連となし、ならびに紫衣・刀剣して世々に凶儀を執る」としている（『職員令義解』）。また、別の注釈には、凶礼を賛相けるとは「手を就いて死を治す（遺体を棺に納めることか）」ことで、凶礼や凶事儀式とはまったく異なるとしている（『職員令集解』穴云）。さらに、土部は百官の在職中に死歿したときは、当司が分番し

て会喪し，治部省の輔か丞が喪事を監護するが，土部がみな礼制を示すことになっている（大宝『喪葬令』）。そして，礼制を示すとは，前の凶礼を賛相けることであるとし（同上義解），治部省が土師宿禰らを差し遣わすとしている（同上集解，古記）。

このように8世紀のころからは，葬送儀礼も変ってきているから，土師宿禰の職掌は凶礼を賛相けることが「手を就いて死を治す」ことに限定されてしまっているが，本来の凶礼はもっと広いもので，少なくとも喪礼と弔礼とを含んだものであったろう。699年（文武3）10月には，2人の土師宿禰が次官の一人として大工2人とともに越智と山科の山陵に派遣され功を分って修造している（『続日本紀』）。また，707年（慶雲4）10月に先の2人のうちの一人は造山陵司に任命されている（同上）。781年（天応1）6月に土師宿禰15人は，祖業をみると吉凶は相半ばし諱辰には凶を掌り，祭日には吉に預ってきたのに，今はもっぱら凶儀に預っている，祖業を思うと不本意なことであるといっているが（同上），本来は造墓といった土木工事の担当者であったのであろう[3]。

野見宿禰の埴輪製作の時点までは，あるいは，その前後のころまでは造墓の設計者であったとみてよいと思われる。6世紀以降に，また新たに中国・朝鮮の文化が導入され，陰陽師や算師や大匠などの活動によって，次第に土師宿禰の役割が縮小され限定されてきたものであろう。野見宿禰の伝承がいつつくられたか，また，その生存年代がいつごろなのかは明らかにできないが，前方後円墳といった墳丘形式の創始や埴輪の設定に関連して，そのデザイナーであったとみることはできるであろう。

土師というのは，中国では司空の官の異称で水と土を治するものであるという（『辞海』）。土木工事の担当者で，その技術者は将作大匠といった（『通典』40・職官22）。日本ではこうした技術者は多く渡来人で，文献にみえるのは650年（白雉1）10月であるが（『日本書紀』），639年（舒明11）7月の宮と寺をつくった大匠も（同上），この将作大匠と同じものとみてよい[4]。そして，前にあげた山陵修造にあたった大工も，この大匠と同じ技術者のことである。中国でも将作大匠に造陵が職掌の一つとなっている（『通典』79・礼39・凶1）。

この時点になれば，設計図もあるいは作製されたかも知れないし，そのプランも地方に伝播していったものであろう。だから，先進地域では一人の技術者の指導のもとに，大勢の助手や役夫を動員して古墳が築造されたろうが，後進地域では専門の技術者がいなくても，土木技術を心得ているか，経験したものの指導のもとにサンプルに近いものが役夫あるいは共同体員を動員してつくったものとみられる。

2 石作連と石室・石棺の作成

石室の架構と石棺の製作は新しい技術としてみることができる。そして，その技術者は石作連であったろう。垂仁天皇の皇后の日葉酢媛がなくなったときに，土師部とともに石祝（いわき）作が定められたが（『古事記』垂仁記），この石祝は石棺のことであるとする[5]。9世紀の初め，日葉酢媛のために石棺を作って献上したので石作連という姓を賜ったという伝承がある（『新撰姓氏録』）。神別の天孫で，左京・山城・摂津・和泉に居住していた。また，8世紀の初めころ，播磨国宍禾郡伊和里は石作首が居住していたので，670年（天智9）に石作里と改めたという（『播磨国風土記』）。これらによると，石作に連と首の2氏が少なくともあったことになる。こうした石作氏は石室の架構と石棺の製作とを担当していたものであろう。それらの伴造のもとに石作部がいたことになる。

石は，原始からいわゆる石器として生活に密着した利器であった。石鏃・石斧・石庖丁などの利器は原石産地で集団で加工されていた。しかし，その加工はやはり石器によっていたから，加工技術には限界があり，大きな石材の加工はできなかった。鉄製の工具が利用できるようになって，原石産地から大きな石材を切り出し，いろいろな大きな構造物を作ることができるようになった。石作氏はこうした技術者であった。木棺にしても，鉄製の工具によっていた。その技術者は木材加工の工人の猪名氏であったろう。3世紀末から4世紀にかけては木棺であったが，4世紀末から石棺がそれに代ったとされている。それに大きな岩石塊を剖り抜いたものや組合せ式のものがあった。高度な石材加工の技術を必要とした。

8世紀初めの伝承に，神功皇后が播磨国加古郡の大国里の伊保山で，石作連大來を率いて讃岐国の羽若の石を求めにいったという（『播磨国風土記』）。神功皇后がなくなった仲哀天皇の陵墓造りの石材を求めたということである。羽若は香川県

69

綾歌郡の綾上町羽床上と綾南町羽床下の地域で花崗岩産地である。石室も竪穴式の段階では割石を積んでいたが、5世紀末から横穴式になると、その構築が複雑になり、横長石の持ち送り積みとなり、7世紀になると切石が使用されるようになる。

一般に石室には硬質、石棺には軟質の石材が利用されたが、工具は鉄製のオノ・石切ノミ・タガネ（クサビ形鉄器）などであり、また巨石の運搬には木製のシュラが利用された。

伴造と部との関係は、本来は部は伴造の私有民で世帯共同体を基本組織としていた。伴造のもつ技術の補助労働者でもあった。部という名称は670年（天智9）の庚午年籍作製以後にあらわれたとする見解もあるが[6]、歴史的には豪族としての氏つまり古代家族の隷属民化されたものであった。特定の豪族の部への支配関係は必ずしも恒常的なものではなく、また、部の社会的・経済的独立によって、その習得した技術をもって他地域に移住することもあった。

3 豪族と労働集団

特殊な技術を必要としない礫の採取や土砂の運搬や湟の掘削や墳丘の土盛りなどの土木労働やそのほかの雑労働は役夫によっていた。役夫は豪族（氏）の支配下にある人民の徴発であった。自己所有の労働力で不足する場合はほかの豪族所有の人民を強制徴用することもあった。それぞれの豪族のもつ政治力・経済力を反映したものであり、古墳は被葬者とその遺族の属する豪族の支配力の表現であった。642年（皇極1）に大臣蘇我蝦夷・入鹿父子が生前に墓を作るのに、挙国の民・百八十の部曲を徴発したばかりでなく、上宮王家の乳部まで強制役使したので、王家の女王は怒ったという（『日本書紀』皇極1年是歳）。

そうした労働組織は、おそらく世帯共同体の長などの指揮下に集団労働をしたものであろう。倭迹々日百襲姫の墓は箸墓（奈良県桜井市大三輪箸中）といわれていたが、昼は人が作り夜は神が作ったとされ、大坂山（奈良県二上山の北側の山）の石（凝灰岩と安山岩）で造り、山から墓まで約15kmを人民が一列にならんで手から手へ渡していったという（同上、崇神紀10年9月）。箸墓の箸は土師であるという。また、9世紀の初めに、播磨国揖保郡日下部里の立野（たちの）は、土師弩美（のみ）宿禰が出雲国に往来するとき、ここで発病して死んだので、出雲国の人が来て、人々を連び立てて川の礫を運び上げて墓山を作ったという伝承がある（『播磨国風土記』）。湟を掘るにはクワ・スキの農具、土砂を運ぶのはモッコ、石材を運ぶにもシュラなどを使用したであろう。クワ・スキ・モッコなどは自家用のものをもってきたであろうが、シュラなどは施工者側で用意したものであろう。いずれにせよ、連日あるいは昼夜兼行の集団労働であった。

後進地域へは、5世紀前後には先進地域の豪族たちの多くが政治的または経済的理由から地方へ移住していった。地方の国造層のなかには、こうした先進地域の豪族たちがいた。古墳という新しい葬送法ももちこんだものであろうし、そこで古代氏族として獲得した政治力・経済力をバックとして、その地域の後進的な氏族共同体員を動員して、墳墓を築造したものであろう。その国造といった古代豪族の勢力の大小や強弱に応じて、古墳の地域差はでてくるものであろう。前方後円というプランは被葬者の遺族は理解していたであろうから、それは別として、造営に必要な資材の有無や強制労働に従わせることのできる動員力などがこれに結びついている。

4 古墳築造と古代社会

古墳築造はその地域の古代的社会関係を深めるものであった。ことに後進地域などではこの事情を強めるものであった。氏族共同体の世帯共同体への転化といったことである。同時に社会的ばかりでなく、精神的にも古代的支配関係を推進するものであった。

本稿の考古学的知見については、『世界考古学大系』3 日本III、『考古学ノート』4、『日本考古学を学ぶ』(1)、(2)、(3)を参照した。

註
1) 野上丈助「古墳時代の生産組織と技術」日本考古学を学ぶ(2)、有斐閣、1979
2) 石部正志「技術の発生と伝播・定着」技術の社会史、1、1982
3) 村津弘明「土師氏の研究」史泉、22、1961
4) 遠藤元男「七世紀の大匠・将作大匠について」駿台史学、25、1969
5) 川勝政太郎『日本石材工芸史』綜芸社、1957、改訂版 1971
6) 武光 誠「姓の成立と庚午年籍―部姓の起源について―」古代史論叢、上、1978

古墳築造に動員された人の数と実態

川上 敏朗
文化財保存計画協会研究員

仁徳陵古墳(大山古墳)の築造に動員された人数を計算する上で,同古墳の築造当時の規模は,

前後の主軸の長さ	475 m
前方端の幅	300 m
前方丘の高さ	約 27 m
後円丘の径	245 m
後円丘の高さ	約 30 m

と推定されている(梅原末治「応神・仁徳・履中三天皇陵の規模と営造」書陵部紀要,5,1955)。

また,墳丘法面は全面葺石で覆われ,円筒埴輪を並べていたことが明らかになっている。これらを考えると,当時の古墳は相当異様な景観を示していたものと思われる。

ここで,当時の技術および工具のレベルを想定し,つぎの条件を設定する。

1. 工具はスキ,モッコ,コロを使用する。
2. 墳丘土量は推定体積 1,400,000 m³ となり,それに要する版築土は3割増(締め固めによる体積の減少)の 1,820,000 m³ が必要となる。それらは 500 m 以内の近距離から運ぶものとする。
3. 墳丘の表面は葺石で覆い,その数量は表面積 104,000 m² に対して厚さ 25 cm として総量 26,000 m³ とする。採取場は石津川,西除川など近在の河川(平均距離 5 km)から運ぶものとする。
4. 後円部に竪穴式石室を設けるものとする。
5. 円筒埴輪をおよそ2万個並べる。

また,当時の築造技術を考える場合,1500年をすぎた今日でもなお原型を保ち得ているのは,現代人が考えるよりはるかに土木技術が進歩していたことを証明している。たとえば,版築について,ただ土を盛るだけではなく,層状に砂質土と粘性土を交互に締め固めを行なったことは想像にかたくない。

葺石についても,墳丘をある程度整形しながら葺いており,川原石の選別(20~40 cm)に始まり,運搬,仮置,石積み(粘土などを充填しながら積み上げた)と莫大な人数が必要であったと思われる。

つぎの表は,各工事の数量当りの延べ人数を計算したものである。

古墳の築造にかかる人数を算出するにあたってその計画から施工方法を考える場合,大きく3つに分けることができる。第一に現場で古墳築造のみにかかる人々,第二にその材料を選び現場に搬入する人々,第三にそれらの作業を行なう人たちの生活を助ける人々——例えば1日に何百人,何千人となった場合,生活する場所の確保が必要であり,作業小屋および,食事の用意などを補助する人々が相当数必要である。とすると,築造にかかわる人数は大変なものであったろうし,それらを動員する行政組織は強大であったことが考えられる。ここでは施工順序(次頁図参照)から主要工事の採取・運搬・施工の人数を計算し,その他は略算した。

仁徳陵古墳における主要工事の数量と延べ人数

		必要数量	施工方法及び条件	延べ人数
墳丘盛土	掘 削	1,820,000 m³	10 m³ 掘削するのに1日2人かかるとして	364,000 人
	運 搬	1,820,000 m³	近距離運搬(500 m)とし,2人で1日1m³ 運ぶのに 0.5 月かかるとして	1,820,000 人
	版 築	1,400,000 m³	10 m³ 版築するのに1日4人かかるとして(敷きならしとも)	560,000 人
	表面処理	104,000 m²	1日1人が 10 m² として	104,000 人
葺 石	選 別	26,000 m³	1 m³ 選別するのに1日1人かかるとして	26,000 人
	運 搬	26,000 m³	1 m³ を 5 km 運ぶのに1日20人かかるとして	520,000 人
	葺石積み	104,000 m²	1 m² 石積み,粘土充填を行ない1日0.5人として	52,000 人
埴 輪	粘土採取 製 作 運搬・設置	20,000 個	1個設置するために20人かかるとして	400,000 人
敷地伐開	含外濠	352,000 m²	10 m² を1日2人かかるとして	70,000 人
敷地整地	含外濠	352,000 m²	10 m² を1日2人かかるとして	70,000 人
			計	3,986,000 人

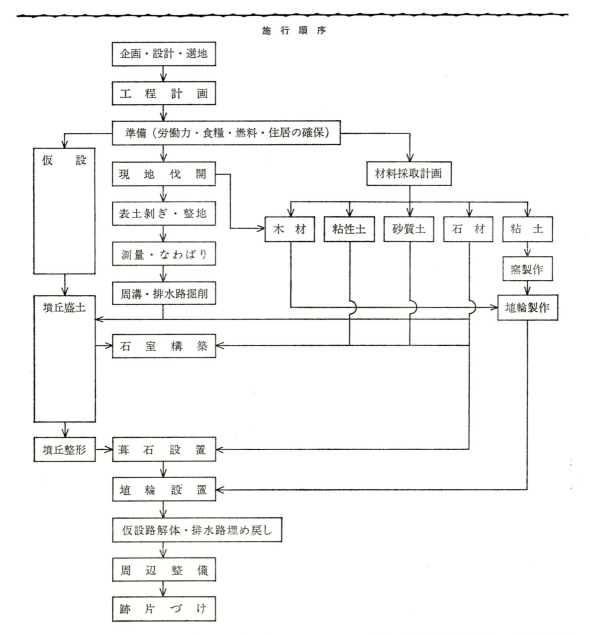

施 行 順 序

　以上,主要工事だけで延べ約400万人の人間が必要となり,そのほか石室工事,仮設工事および雑工事を入れると,約3割増となって,
　　　　　　400万人×1.3＝520万人
となる。
　そのほか,直接工事にかかわらない人(食糧の供給など)の延べ人数を入れるとすると,もっと膨大な人数が必要となるであろう。
　ここでおもしろいのは,施工自体よりも採取・運搬の方がはるかに人数が必要であるということである。例えば,墳丘盛土については,施工自体は66万人なのに,掘削・運搬は218万4千人と約3倍強,葺石にあたっては約10倍となる。これらはいかに採取・運搬に時間がかかったかを示し,距離が遠くなるごと,重量が増すごとに延べ人数増加の傾向を示している。
　なお,1日当りの動員数を1,000～2,000人とすると,1年の稼動率を200日とみて,15年～20年の歳月を要したと思われる。

特集 ● 古墳の謎を解剖する

古墳築造にかかわる祭祀・儀礼

国立歴史民俗博物館助教授 白石太一郎
（しらいし・たいちろう）

古墳における祭祀・儀礼のあり方には不明確な点が多いが，墳丘の築成と埋葬施設の構築にかかわる祭祀・儀礼について考える

1 古墳と祭祀

　古墳がすぐれてイデオロギー的構築物であることはあらためて論ずるまでもなかろう。それが死者を葬る墓である以上，そこにおける祭祀・儀礼を媒介としてはじめて古墳は一定の社会的・政治的役割をはたすのである。ただ古墳における祭祀・儀礼の具体的なあり方となると，資料的な制約や資料解釈のむつかしさもあって不明確なところが多く，その全体像を示すにはほど遠いのが研究の現状である。そうした中で，古墳の築造それ自体やそこにおける祭祀・儀礼が，首長霊（権）の継承儀礼と関係するのではないかという考え方が，埴輪や古墳の構造・副葬遺物の分析などから指摘されており，次第に支配的な意見となりつつある。ただそのことを考古学的に論証するにはまだ多くの試行錯誤が必要であろう。

　いずれにしても古墳が当時の社会ではたした役割りを正しく理解するには，まず古墳における祭祀・儀礼の実態とその意味を明らかにすることが必要である。ここでは古墳におけるさまざまな祭祀・儀礼のうち，古墳の築造，すなわち墳丘の築成と埋葬施設の構築にかかわる祭祀・儀礼について考えてみることにしたい。ただし，この問題を考えるための考古学的な材料はきわめて少なく，単なる問題点の指摘に終らざるをえないことをあらかじめおことわりしておく。

2 墳丘の築成にかかわる祭祀

　古墳を他の墳墓と区別する最大の指標は，巨大な墳丘の存在である。古墳の造営に際して最大の労働力が投入されるのも，葺石の施工を含むこの墳丘の築成作業である。『日本書紀』の箸墓にまつわる伝承には，「昼は人が作り，夜は神が作った」こと，さらに大坂山の石を「人民相踵ぎて，手逓伝にして運」んだことが伝えられる。これは古墳の築成が，神が助力をあたえても不思議ではない神聖な行為と考えられていたこと，さらにそれが共同体の成員が集団で参加すべき行為と考えられていたことを示すものであろう。このことは岡山県の月の輪古墳の調査を通じて，近藤義郎氏らが適確に指摘されたように[1]，まさにこの墳丘造営の行為そのものが集団的祭祀にほかならなかったと考えられるのである。このような初期の古墳がもっていた共同体の集団的祭祀行為としての墳丘の造営は，中期古墳から後期古墳へと変化する中で次第に支配者による墳墓の造営へとその性格を変えて行ったと思われるが，7世紀前半における蘇我馬子の桃原墓の造営に際しても『日本書紀』に「蘇我氏の諸族等悉に集いて，嶋大臣の為に墓を造りて，墓所に次れり」とあるように，一族の集団祭祀としての古墳の造営は終末期の古墳にまで及ぶのである。

　ところでまた『日本書紀』には，百舌鳥野の仁徳陵の造営に際して，鹿が野の中から走り出して役民の中に入って仆れ死に，ひとびとがあやしんでそのきずをさがしたところ，その耳から百舌鳥が飛び去ったという地名起源説話がみられる。これは明らかに古墳の造営が，時として土地の神（精霊）の意志に抵触する場合のあったことをうかがわせる。のちの寺院の建立に際しては，地主神に対する祭りがとり行なわれる場合が多いが，古

73

墳の築造に際しても，まずその土地の神に対する祭りがとり行なわれたものであろう。このような古墳の築造前の祭祀の具体例はほとんど知られていないが，千葉県市原市神門4号墓の墳丘下の遺構は数少ない墳丘築成前の祭祀の実際をうかがわせる例として貴重である。

神門4号墓[2]は，径約34mほどの平面円形の主丘の一方に，細く短い突出部をもつ特異な形態の墳丘墓で，東国に定形化した古墳が出現する直前の墳丘墓と考えられる。調査の結果，墳丘の中央部に，管玉・ガラス玉と鉄剣・鉄鏃を棺内に副葬し，さらにその土壙上部に破砕した玉類や高杯・壺・器台よりなる土器類をともなう埋葬施設が検出されている。一方，その墳丘下の旧地表面からは，平面方形の小型の竪穴遺構2が検出されている。その一方のA遺構は炉はもたないものの通有の竪穴住居と同形で，室内には全く遺物はみられず，使用後清掃して一気に焼きはらっている状態を示していたという。他方のB遺構は前者より一周り小型の竪穴で，壺・甕・甑・鉢・器台・高杯など19個体におよぶ土器が納められていた。さらにまたその旧地表面上からも壺・甕・高杯・鉢・手焙形土器を含む100個体以上の土器が出土している。

調査者は，この墳丘下の二つの竪穴遺構及び旧地表面上の土器群を，墳丘築成前の数段階の儀礼に関連するものと考えている。この見解は妥当なものと思われるが，墳丘下の竪穴をいかなる性格の遺構とみるかが問題となろう。A遺構についてはあるいは喪屋のごとき性格を考えることも可能

で，墳丘下の土器群はまさに故人ゆかりの人々が飲食物を食し，歌舞哭泣して遊んだモガリの遺物と考えることもできよう。ただこの場合，墳丘の築成時には喪屋の移転が必要となる。また埋葬後供献された土壙上の土器が古墳発生前夜の各地の墳丘墓の供献土器と共通する高杯・壺・器台からなる供膳形態のものであるのに対し，墳丘下の土器群にはそれ以外に甕・甑などの煮焚用の土器や鉢を含んでいることも注目される。その量からも，相当多人数のひとびとが炊飯・飲食をともに行なう儀礼をとり行なったものであろう。

大分県宇佐市鶴見古墳は，横穴式石室をもつ6世紀の小前方後円墳であるが，くびれ部墳丘下の古墳基底部から，口縁部をうち欠き底部を穿孔した須恵器の大甕が人為的に破砕された状態で出土している[3]。これなどあるいは墳丘築成前の，土地の神に対する祭祀にかかわるものかも知れない。このような古墳や墳丘墓の墳丘築成前あるいは築成時の祭祀の実態を追求しうる考古学的な材料はあまり多くは知られていない。このような遺構・遺物を正しく解釈するには，いま少し類例が増加することが必要であるが，これらの諸例が墳丘築成前の祭祀のあり方を考古学的に究明することが可能であることを示した意義は大きい。

3 埋葬施設の築造と儀礼

墳丘構築にまつわる儀礼が共同体の集団祭祀的性格を強くもつものであったと考えられるのに対し，埋葬施設の築造にともなう儀礼はむしろ秘儀に類するものであったと思われる。前期前半の古墳のもっとも普遍的な埋葬施設であった竪穴式石室は，のちの横穴式石室のように完成後その内部で何らかの儀礼をとり行なうことの可能な空間をもつ「室」ではない。それは墳頂部に掘られた土壙に納められた長大な割竹形木棺を石材で厳重に被覆したものにほかならない。したがって竪穴式石室の構築過程それ自体が埋葬儀礼の進行過程そのものなのである。

いま典型的な竪穴式石室の構造過程をみてみると，(1)まず墳頂部に大きな墓壙が掘られ，(2)墓壙中央部の木棺を置く部分のみに粘土がしかれる。(3)この粘土床のまわりの墓壙底面には一面に礫がしきつめられる。(4)粘土床の上に割竹形木棺が安置され，その周囲に扁平な割石を小口積みにして壁体がつみあげられる。(5)壁体の背後には割石と

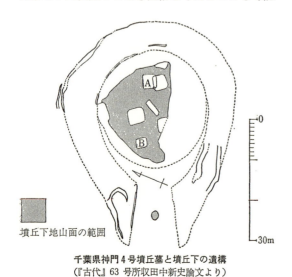

千葉県神門4号墳丘墓と墳丘下の遺構
(『古代』63号所収田中新史論文より)

74

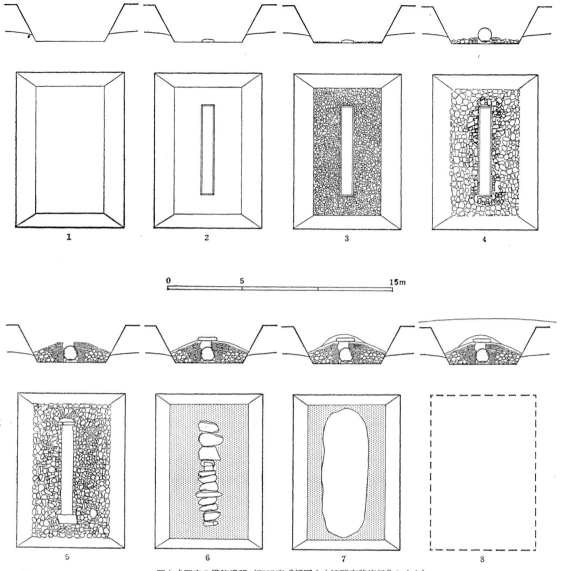

竪穴式石室の構築過程（堅田直『将軍山古墳石室移築報告』より）

礫を交互に積んで控えづみとする。(6)四壁とその控えづみが積みあがるとその上を粘土でおおい，その上に天井石をのせ，(7)さらに天井石の上を粘土でおおい，(8)墓壙を埋めもどして埋葬を終えるのである[4]。この場合もっとも重要な儀礼が行なわれたのは，木棺が安置された段階で，そこで数々の儀礼が一定の約束にしたがって執行されたと思われる。そして，その後さらに工程を追って儀礼が実修されたことが，竪穴式石室構築の各段階で塗布される赤色顔料（丹）の使用からも知られるのである[5]。すなわち，まず木棺安置時ないしそれ以前に粘土床と棺に丹がぬられ，ついで石室の内壁面と壁体上部をおおう粘土の上面，さら

に天井石の下部と天井石をおおう粘土の上面にも丹が塗沫されている。この赤色顔料はおそらくなき首長の遺骸を各種のわざわいから守る願いをこめて塗布されたものと思われ，その都度一定の儀礼がとり行なわれたのであろう。景初三年銘の三角縁神獣鏡を出した島根県大原郡加茂町神原神社古墳の竪穴式石室では，土壙の底部で5個の壺形土器と赤色顔料塊をおさめた埋納壙が検出されている[6]。この土器埋納壙は，石室の控えづみと壙壁の間にあり，壙底より約20cm上の粘土床とほぼ同一のレベルから掘り込まれており，石室の基底部を構築し，割竹形木棺を安置した段階で，ある種の儀礼が行なわれ，この儀礼に用いられた

75

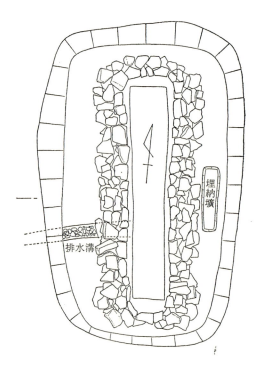

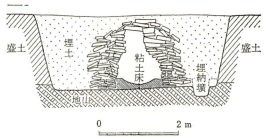

島根県神原神社古墳の竪穴式石室と土器埋納壙
(『考古学雑誌』62―3 所収前島・松本論文より)

壺と赤色顔料の残余が一括埋納されたものと考えられている。

ところで，春成秀爾氏はこの竪穴式石室の基底部が構築され，粘土床に割竹形木棺が置かれた段階で，新首長が棺蓋をあけて棺内に入り，亡き首長から首長霊を継承する儀礼が行なわれたとする解釈を提示しておられる[7]。この春成氏の説は，天皇の即位儀礼である大嘗祭における寝具の儀を新帝が亡き先帝と同衾することによって天皇霊を継承するとする折口信夫氏[8]や洞富雄氏[9]の説と共通するもので，割竹形木棺を真床覆衾の原形と考えようとするものである。筆者も古墳における儀礼が首長権継承儀礼の性格をもっていたことを認めるものであるが，ただ竪穴式石室の土壙をその儀礼の場とする説にはしたがいがたい。その理由は何よりもまず，木棺安置段階の土壙内の状況が，当然荘厳に様式化されて行ったはずのそのよ

うな重要な儀礼の場としてはいささか安定をかくからである。また首長霊の継承・復活が，農耕儀礼としての稲穂祭において穀霊と一体化することによってなされることを示している天孫降臨神話の真床覆衾の原義が見失なわれているからである。いずれにしても竪穴式石室の構築過程における儀礼は，亡き首長——それは神に近い存在と考えられたと思われるが——をさまざまな悪霊からまもり，新首長とその共同体の守護霊としてつつがなくまもろうとする葬送儀礼にほかならなかったと思われる。首長霊の継承にかかわる儀礼は，むしろ前方部をも含めた墳丘上でそれ以前に行なわれたものと考えたい。

こうした竪穴式石室の構築にかかわる儀礼は，その後竪穴式石室が退化し，粘土槨や木棺直葬施設へと変化するのにともない次第に形骸化して行ったらしい。こうした初期の古墳にみられた，厳密な約束にもとづく埋葬施設の構築とそれにともなう儀礼がすでに形骸化していたことが，5世紀後半以降，横穴式石室という全く新しいイデオロギーにもとづく新来の埋葬施設が，ごく短期間に各地に受容された要因の一つであろう。この新しい埋葬施設は，その内部や通路（羨道）の外部に儀礼のための空間をもつものであって，埋葬にともなう重要な儀礼は石室構築後の埋葬時に行なわれたらしく，石室構築にともなう儀礼の考古学的な痕跡はほとんど知られていないのである。このような埋葬施設の構築にともなう儀礼の大きな変化は，当然古墳それ自体の変質と関連するものであったことはいうまでもない。

註
1) 近藤義郎ほか『月の輪古墳』月の輪古墳刊行会，1960
2) 田中新史「市原市神門4号墳の出現とその系譜」古代，63，早稲田大学考古学会，1977
3) 小田富士雄・真野和夫・小倉正五『鶴見古墳』宇佐市教育委員会，1975
4) 堅田直『茨木市将軍山古墳石室移築報告』帝塚山大学考古学研究室，1968
5) 小林行雄・近藤義郎「古墳の変遷」世界考古学大系，3，平凡社，1959
6) 前島己基・松本岩雄「島根県神原神社古墳出土の土器」考古学雑誌，62―3，1977
7) 春成秀爾「古墳祭式の系譜」歴史手帖，4―7，1976
8) 折口信夫「剣と玉と」折口信夫全集，20，1956
9) 洞富雄『天皇不親政の起源』校倉書房，1979

砂丘の中から掘り出された古墳時代の大村落 鳥取県長瀬高浜遺跡

西側からみた特殊大型の高床建物跡SB40
手前右が竪穴住居跡SI124、中央に箱式石棺SX05。高床建物は前方後方形の溝をもち、内側に方形溝をもってその中に4本柱の建物がある

昭和52年夏から、終末下水処理場建設に伴う発掘調査が行なわれていた鳥取県東伯郡羽合町の長瀬高浜遺跡はこのたび第Ⅰ期工事区画の調査を終了した。その結果、弥生時代前期から中世末までの集落や墳墓のあとが確認されたが、とくに古墳時代前・中期には神殿建築ともいうべき高床の建物と、それを形象した可能性のある家形埴輪群がみつかり注目された。

構　成／清水眞一

南側からみた特殊大型の高床建物跡　手前は竪穴住居跡SI125

竪穴住居跡SI 128
上層出土の小銅鐸
全長8.8cm。鈕部分に連続渦巻文様がある。上の型持孔は鋳上り後にあけられたもの

銅　剣
黒砂包含層で発見された。全長21.7cmで、目釘穴が下部にもあり、一度折れたものか、研磨されていて残りがよい

鳥取県長瀬高浜遺跡

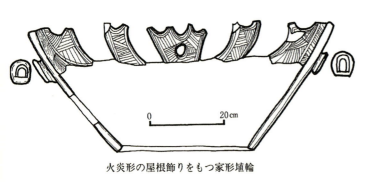

火炎形の屋根飾りをもつ家形埴輪

形象埴輪群出土の埴輪のセット
古墳以外の場所から出土したため注目された

入母屋式の屋根をもち、正面以外にも入口部分をもつ家形埴輪
公的な建物と考えられる

四注造りの屋根をもち、正面の入口窓以外に出入口をもたない家形埴輪
私的な建物と考えられる

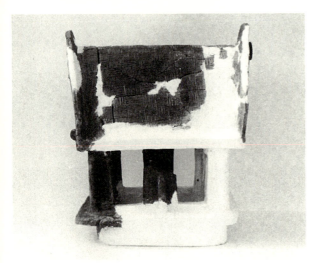

切妻造りの屋根をもち、一階はオープンで、二階が妻入りの
屋根裏倉庫型式の家形埴輪　正倉を意味するか

切妻造りの家形埴輪の屋根にのせられるように作られた
堅魚木形の埴輪　全国でも初めての例である

古墳時代の畑址が検出された渋川市有馬遺跡

古墳時代初頭の畑址（E区）
畝間の溝（サク）の中には浅間C軽石が充填しており、古墳時代後期の畑址の下から検出された

群馬県渋川市八木原の有馬遺跡では古墳時代から中世にかけて、4つの時期の畑址が発掘調査された。このうち、古墳時代では浅間山の軽石を畝間に充填した初頭の畑址と、榛名山二ッ岳の火山灰層に直接覆われた後期前葉の畑址がみられる。とくに後者は広域かつ良好な遺存状態で検出され、当時の畑地経営について研究する上に格好の資料を提供することとなった。

構　成／佐藤明人・友廣哲也・山口逸弘
写真提供／群馬県埋蔵文化財調査事業団

古墳時代後期の畑址（F区）
榛名山二ッ岳火山灰層（FA）に直接覆われていた。Bブロックを南方より望む。手前の溝は河川浸蝕によるもの

畝の断面（F区-Cブロック）　最上層がFA下の畑址の耕土。2つのレンズ状堆積がサクの中に充填した浅間C軽石層

古墳時代後期の畑址の古いサク跡（F区-Eブロック）　畝がほとんど認められないブロックでも耕作土層の下に検出される。畝の方向に違いが見える。

● 最近の発掘から

古墳時代前期の大村落──鳥取県羽合町長瀬高浜遺跡

清水真一　鳥取県教育委員会

1 調査の概要

　長瀬高浜遺跡は，鳥取県東伯郡羽合町長瀬字高浜に所在し，県中部の日本海に沿って10kmにもわたる北条砂丘の東端に位置する。標高16mの高浜の砂丘を10m砂取りした下から黒い砂層があらわれ，これが弥生時代から中世末までの生活面であることがわかった。遺跡の範囲は，おおよそ径400mの円形状とみられ，1977年夏から1983年3月までの足かけ7年間にわたり，下水終末処理場予定地内の約4万m²を県教育文化財団が発掘調査した。

　調査の結果，弥生時代前期の竪穴住居跡5棟（うち4棟は玉作工房）と墳墓50基が，古墳時代前期後半～中期初の竪穴住居跡160棟，掘立柱建物50棟，井戸跡6基などが，中期後半～後期の古墳30基，石棺・木棺墓50基，埴輪棺12基などが，さらに奈良時代～中世末までの火葬墓・土葬墓（屈葬して土葬した墓）・五輪塔が合計100基以上も発見できた。この中でも古墳時代の集落・墳墓は，一遺跡での発掘検出数としては西日本でも1～2にランクされるとみられる。また形象埴輪群が古墳以外の地に立て並べて発見されている。

　遺物では生活必需品である多量の土器類が出土したが，弥生時代では朝鮮半島系の無文土器があったり，古墳時代には畿内の庄内式土器や吉備の酒津式土器・備讃瀬戸の製塩土器がわずかだが出土しており，古い時代からの交流がみられる。古墳時代前期の集落からは多量の鉄製農工具が出土した。これは同時期の山陰の他の集落で出土する量をはるかに超えている。他に鉄製釣針も30数本出土しており，日本海での漁撈も盛んであったとみられる。古墳の副葬品では古式の須恵器や見事な絹紐を巻いた鉄刀，また副葬品ではないが高杯を2～3個重ねた枕の例は山陰でもこの地域に集中する。

　この他に銅剣・銅釧・銅鏡（素文鏡など）・銅鏃などが黒砂包含層中から出土し，小銅鐸も1個発見されるに及んで，この遺跡が単なる集落でなく祭祀の中心たる集落の可能性が浮んできた。折しも，形象埴輪群が復元され，家形埴輪5棟，盾形埴輪3基，甲冑形埴輪3基，蓋形埴輪10基などが樹立されていた。家形埴輪の中には火炎形屋根飾りのあるもの，堅魚木をのせた入母屋式のもの，同じく四注造りのもの，取りはずしのきく堅魚木をのせた二階建て切妻式のもの，堅魚木のない四注造りのものとバラエティに富み，家形埴輪群中火炎形屋根飾りのものが特別な建物であることが推察できた。その後，発掘調査によって一辺5mの四本柱の高床建物があらわれるに至り，祭祀用小型銅製品─火炎形屋根飾り家形埴輪─四本柱高床建物が一連の関係をもつと考えられる。

2 四本柱高床建物

　SB40と名付けられたこの建物は，まず外側に前方後方墳形をした幅0.5m，深さ0.3mの溝を掘っている。全長24.5m，幅16mある。この溝の底部には小ピットが掘られており，柵もしくは板壁が立てられていたとみられる。その内側に一辺12.5mの掘り込みがなされ，ちょうど内堀状になる。外側の肩からの深さは1m以上になる。その内側は一辺8mの平坦地で，溝底からは0.5mほどしか上らず，外肩の方が高い。この面で4本の柱穴の掘り方とその外側の方形土坑列が検出された。柱穴の掘り方は長辺3m×短辺2.5mあり，調査当初は柱穴掘り方とは気付かず土坑と考えていた。いずれも深さ2.6mあり，底部近くで径70～80cmの柱痕とみられる穴を検出している。この柱穴の心心間を計ると東西5.0m，南北4.7mとなる。この12.5m四方の掘り込みを竪穴住居と考え，4本の柱痕を屋根をささえる構造柱と考える説もあるが，他の竪穴住居跡で一辺10m以上のものでも柱の掘り方が1mを越える例はまずない。やはり直径2.5m，深さ2.6mもの大きさは，床をささえる必要からきていると考えられる。

　さらに，柱穴掘り方の外側には一辺1mの方形土坑がある。北と西側で4個，東と南側で3個みられる。この土坑を当初縁の側柱と考え，四面縁付の建物と考えたが，土坑内に柱痕らしい痕跡がみられないこと，時代的にも縁が付く時期でない点からその考えは否定した。おそらく，外肩の方が高く内肩が低いために，高床建物の床と内肩までの空間を隠すための板塀の施設かと考えられる。土壙列の四隅には円形柱穴がみられるが，これは建物の軒先をささえる軒先柱と考えられる。建物の南側，溝をへだてた前方部側には4個の小ピットがみられる。この溝が当時あいていたか埋めてあったかは判断しにくいが，高床建物に上る階段の支え柱であったと考えられる。このように考えると，SB40は現在みられる神社などの神殿建築風の建物が想定される。主軸はN-20°-W

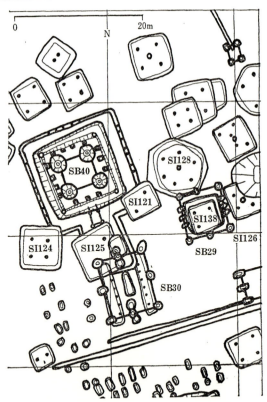

長瀬高浜遺跡 SB 40 付近古墳時代前期遺構図

となる。

3 大型掘立柱建物

この SB 40 付近に，大型の掘立柱建物がいくつかみられる。SB 40 の南には SB 30 があり，一部 SB 40 の外縁溝と重なる。重なりからは SB 30 の方が古い。1.5×1.0 m の楕円形の掘り方をもつ 2×2 間の建物で，南北 9.3 m, 東西 7.4 m ある。この建物の東西柱列の内側には幅 1.5〜2.0 m, 長さ 9.5 m の方形の溝が掘られ，溝内には東西ともに 6 個の小ピットが掘られている。ピット間は 4.5 m ありほとんど対になっている。また，建物中央の棟持柱は南北ともに 3 つの土坑から成っており，その中央部にやや浅いものの 4 m×1.3 m の土坑が掘られている。これらが SB 30 に関連する施設かどうかは断定できないが，偶然重なったにしてはシンメトリーすぎるところから，本来同一建物であったと考えてみたい。とすれば，中央部内側の土坑を束柱と考えるならばあまり高くはないが高床建物が建つとみられ，切妻造りの建物が想定される。N-16°-W。

もう一棟，SB 29 がある。これは SI 138 と重なっていたが，SB 29 の方が古いことが確かめられた。南北 6.7 m, 東西 6.2 m で，南北の柱列は 2 間で東西は 4 間あるが，4 間のうち南北の 1 間は広く内側の 2 間が狭い変形である。柱穴の内側には 5.7 m×4.8 m, 深さ 1 m

の長方形の掘り込みがあり，SB 29 の床面であったとみられる。つまり，SB 29 は高床でなく竪穴住居で屋外に屋根柱穴を持つ形式である。いかなる理由でこのような家屋が作られたかはわからないが，SB 30・SB 40 とともに特殊な建築物であることは共通している。主軸はN-15°-W で，SB 30 とほとんど一致する。SB 30 の南には 2 条の細い溝が東西に走り，その溝周辺には多くの大型土坑が掘られ，柵列などがあったと考えられる。

4 形象埴輪群

さて，形象埴輪群は長瀬高浜遺跡のある時期の首長層の支配形態をあらわしているとみられ，家形埴輪は彼らの家屋を，甲冑形や盾形・靫形埴輪は彼らの兵力を，蓋形埴輪は彼らの支配する村落の数をあらわしていると仮定してみた。5棟の家形埴輪の分析はすでに行なったが，入母屋造りのものは正面に入口と窓を持つほか，三面の側面にも縦長の出入口を持ち解放された家屋である。これに対し，四注造りのは正面に入口と窓を持つだけで他の三面は真壁のままである。切妻造りのは二階になっており，一階は四面とも出入口を持つ解放的なもので，二階は妻側に入口を持つ屋根倉の構造をしている。この形態は，入母屋造りが公的な政務を司る建物，四注造りが首長の私邸的な建物，切妻造りが正倉の役割を持たすならば，屋根部分しか残らないが火炎形屋根飾りの建物はどのような意味を持つであろう。推定の域を出ないが，この火炎形屋根飾りを持つ家形埴輪は，大阪府美園遺跡，松江市平所埴輪窯出土のものとともに他の家形埴輪より大型で，かつ堅魚木の のる家 よりも大きく作られている。ゆえに長瀬高浜遺跡も火炎形屋根飾りの家屋が最高の家屋であったとみたい。そう考えると，政務を行なう家屋よりも一段高い家屋となると，『魏志倭人伝』の卑弥呼がそれであったような鬼道を行なう人物のいる場所であったかと考えられる。

ひるがえって，長瀬高浜遺跡の掘立柱の建物をみると，SB 40 と SB 29・30 とは主軸が異なり一部切り合っているところから，同時期の建物とは考えにくい。しかし，遺跡全体のまだ 1/3 以下しか調査されていない現状であるが，SB 40 付近から出土している小銅鐸や小銅鏡・金銅製金具，少し場所ははずれるが銅剣・銅釧の存在は，SB 40 で行なわれたとする祭祀がより弥生時代の色彩を強く残す祭祀であったとみられ，古墳時代前期後半の畿内勢力が山陰に定着したと考えられる以後も九州的要素がみられる点に注目される。

これらのことから推定すれば，長瀬高浜遺跡の掘立柱の高床建物は，遺跡の中でとくに中心的な役割をはたした建物と考えられ，ゆえに彼ら首長層や彼らに従った兵士・農民・漁民たちのムラが，北条砂丘の奥底から掘り出されたこの長瀬高浜遺跡であるといえるだろう。

●最近の発掘から

古墳時代の畑址——群馬県渋川市有馬遺跡

佐藤明人・友廣哲也・山口逸弘 群馬県埋蔵文化財調査事業団

　有馬遺跡は榛名山東麓，国鉄八木原駅の西方 700m，渋川市八木原に所在する。北に午王川，南に滝沢川，2条の小規模な河川に挟まれ，洪積世末期に形成された扇状地形上の微高地に立地している。周辺には西方に空沢遺跡，北方 1km に有馬条里遺跡，中村遺跡がある。

　本遺跡の発掘調査は関越自動車道建設に伴い，(財)群馬県埋蔵文化財調査事業団が昭和 57 年 1 月から同年 12 月まで，面積約 1 万 m² を対象に第 1 次発掘調査を実施した。

　この間に検出した遺構の概要は，弥生時代後期の住居址，墓址，古墳時代初頭の住居址，畑址，同後期の畑址，奈良・平安時代の住居址，畑址，水田址などである。

1　古墳時代初頭の畑址

　本畑址は浅間C軽石下において検出された。その確認範囲は部分的であり，調査区内 4 カ所に分散している。各々の広がりは極小範囲であるが，調査区最南部E区においては 200m² にわたり比較的広く検出された。

　検出状況は，一様に畝の上部が古墳時代後期の畑の耕作により削除されているため，畝の形状は正確に把握できない。しかし畝間の溝（サク）は黒色粘質土を掘り込んで作られており，溝内には浅間C軽石がほぼ純層の状態で充塡していた。

　サクの形状は上端幅が 30cm ほどで断面形は U 字状を呈している。畝の幅はサク間で大方 1.5m 前後を計り，E区では 40〜60cm と狭い。

　本畑址の時期については伴出遺物の確認がなく，この方向からのきめ手を欠くが，浅間C軽石の降下年代をこれに当てることができよう。

2　古墳時代後期の畑址

　本畑址は榛名山二ツ岳火山灰層（ＦＡ）に直接覆われて検出された。その確認範囲は調査区北部の一部を除いては調査区全域にわたる。調査区南部では 2 条の大溝（池？）が東西方向に見られ，畑址はこの 2 条の大溝の間（約 40m）および南，北に広く伸びている。大溝の北のＦ区では 4〜5 ブロックから構成される畑址が広く検出された。畑址は厚さ約 10cm の火山灰層（ＦＡ）に直接覆われ，さらにその上には拳大の角閃石安山岩を含む軽石流（FPF-1）を見る。軽石流の厚さは 0.5〜1m を計り，このため畑址は後世の影響を受けることなく，遺存状態は良好である。

　形状は，畝の断面形がやや"かまぼこ"状で比較的大きく，畝幅はほぼ一律に 90cm 前後を計る。畝の高さは a, b, c 各ブロックは高く 15cm 前後であるが，d ブロックは低く，e ブロックではかろうじて判別できる程度である。同じブロック内ではほぼ一様であるが，異なるブロック間では大きな差異がある。こういった状態はＦＡ降下時のものと判断できる。

　畝の平面形状と方向については，畝はやや蛇行を見せながら並行し，部分的には分岐，併合を見る。方向は地形と関連しているようであり，一定方向への緩い傾斜を持っている。Ｆ区の地形は北東方向に緩く傾斜し，a, b, d 各ブロックの畝はこの傾斜方向におよそ一致している。しかしcブロックでは北東方向へ地形の傾斜が強いため，畝をやや西寄りの北方向にし，畝自体が持つ傾斜を弱めている。

　地割については，b, c ブロックと d, e ブロックの境は 1 条の細い溝を曲線状に配し，その北の傍には幅 1.2m ほどの道と思われる平坦な面が溝に沿って見られる。この他 d, e ブロック間は道，b, c ブロック間には溝を設けている。

　耕作土はＦ区においてとくに顕著に見られる。土質は暗褐色でやや粘質，浅間C軽石を含み，場所によっては植物質の繊維状の夾雑物に富んでいる。耕作土の下の層は浅間C軽石を多量に含む黒色土であり，両層は明瞭に区別できる。

　耕作土は畝を形作る一方，畝の下に溝状に陥入している。これは旧いサクの跡であり，耕作時，畝変えが行なわれたことを示している。このような旧いサクの跡はE, Ｆ区においてほぼ全域に見られる。そのあり方は，規則的に畝幅が半分ずれて見られ，一部を除き方向，地割に変化はない。畝がほとんど判別できないeブロックでも耕作土は厚く認められ，しかも旧いサクの跡も明瞭に検出できる。このことはeブロックでもある程度長期に耕作が行なわれ，何度か畝変えがあったことを示している。

　伴出遺物については，古墳時代後期の土師器破片が 1 片，耕作土面から出土している。

　本畑址の時期はＦＡの堆積状況から，下限をＦＡ降下時に当てることができる。その降下時期については，こ

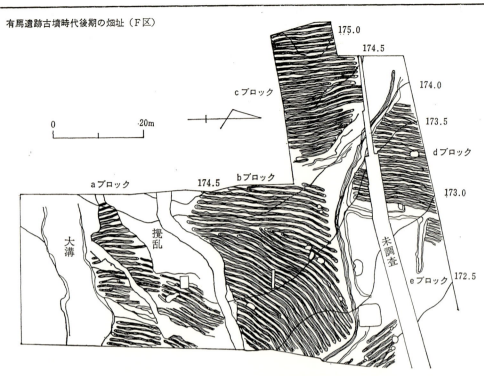
有馬遺跡古墳時代後期の畑址（F区）

の間火山灰年代学的検討が進められてきているが，これによれば古墳時代後期前葉，6世紀前半と考えるのが妥当だろう。

3 まとめ

本遺跡においては4時期の畑址が検出され，このうちFA下畑址は広域，かつ良好な遺存状態で検出することができた。その様子は前述のとおりであるが，これに関しいくつかの問題点があるのでここに指摘し，まとめとしたい。

畝の機能については透水性，通気性を高めることが第一義であることは言うまでもないが，畝間の溝（サク）は一定の傾斜が持たせてあり，これは降雨による土壌の流失を防ぐよう配慮がなされながら，その一方早魃時には灌漑に利用された可能性がある。このこととの関連でF区の南の2条の大溝（池？）を考慮したい。

畝は各ブロックにより，その高さに著しい差が認められる。このことは栽培作物の違いや休閑地に関係すると思われる。本畑址にプラントオパール分析を試みたところ稲，ヒエ？の栽培が行なわれたことが確認された。このことから，稲，ヒエ？を中心とする輪作が想定され，畝に見られる上記のあり方もこの輪作に対応したものと思われる。ちなみに陸稲はとくに耐干性に弱く，当地方における現行の陸稲の畝の高さは5〜10cm，あるいは目立たないほどに低く作られている。

なお地割は輪作との関わりのほか，占有域に関する視点も見のがすことはできない。しかし今回の発掘調査では調査区域が限定されていたことにより，各ブロックの様子が十分把握されるまでに至らなかった。このことについては昭和58年度に予定される第2次発掘調査の成果を得た上で問題の進展を図って行きたい。

本遺跡の北方の地勢は低湿で，有馬田圃と呼ばれる水田地帯が広域に見られる。この地域では近年まで条里制地割の跡が良好に認められ，また最近では古墳時代の水田址の発掘調査が行なわれる[1]など，水田開発の歴史は古い。

一方，本遺跡および以南（吉岡村，群馬町）一帯は地勢的に水田に適さない地域であり，現在も広く畑地地帯である。しかし，この地域には6世紀後半築造とされる大型前方後円墳，高塚古墳や『上毛古墳綜覧』中100余基を数える南下古墳群など，古墳，集落跡は密に存在している。なお，近年本遺跡と同種の畑址の発掘調査例も増えつつあり，高崎市芦田貝戸遺跡[2]，群馬町国分寺中間地域遺跡など，周辺地域で5遺跡以上を数えることができる。

本遺跡地を北限とする，この地勢的に水田に適さない榛名山東南麓中位地帯（標高160〜300m）では畑作を基とした生産活動が早くから盛んに行なわれていたことが想定される。

註
1) 有馬条里遺跡では現在古墳時代水田址を中心に発掘調査が進行中である。
2) 田村　孝ほか『高崎市文化財調査報告書第19集—芦田貝戸遺跡II』1980

84

連載講座
古墳時代史
3. 5世紀の変革
—宅地・祭場・墓—

県立橿原考古学研究所研究部長
石野博信

　古墳時代の歴史は，古墳の編年によって前期・中期・後期（一般的には，およそ4・5・6世紀），あるいは前期・後期に区分されている。そして，各時期は単に古墳の編年としてではなく，社会の変革を示すものとして語られることが多い。すなわち，前期には鏡・剣・玉に象徴される祭祀体系によって支配され，中期には新たに武器の多量副葬に象徴される軍事的社会へと変質し，後期には小型古墳の増大に象徴される古墳被葬者階層の拡大が進められた，という。これらの事象は一面の事実を伝えているとしても，時期を画するほどの現象なのであろうか。他の文化事象を含めて考えると，5世紀中葉が古墳時代史の一つの画期として重視しなければならないのではないか。

　以下，いくつかの事象について考えてみよう。

● 宅　地 ●

　弥生時代には環濠集落が成立し，消滅する。これは，集落を区画するものではあるが，個々の住居と付属建物を区画するものではない。これとは別に，縄文時代，あるいは弥生時代集落で2棟一組，あるいは3棟一組の住居単位が存在することが指摘されている[1]。弥生時代後期の実例としては，和歌山県船岡山遺跡の2棟一組5単位の集落が最近検出された[2]。船岡山遺跡の場合，2棟の住居は軒を接し，隣の2棟との間は30m余離れている。しかし，これは2棟の住居構成員による共同生活を示すものではあっても，一家族，あるいは一親族による宅地の萌芽とみることはできない。

　宅地の成立は，古墳時代前期に出現する家形埴輪群によって類推することができる。家形埴輪は，住居，倉，納屋，楼などのように建物が機能別につくり分けられており，これらによって構成される宅地が十分に推定できる。例えば，奈良県佐味田宝塚古墳出土の家屋文鏡に描かれている4棟の建物を祭祀的建物1，住居2，倉1とみて一つの豪族屋敷を考え，また，群馬県赤堀茶臼山古墳の家形埴輪群によって主屋1，付属棟5からなる古墳時代中期の豪族屋敷を推定することができる[3]。

　しかし，佐味田宝塚古墳の家屋文鏡について木村徳国氏は，「四棟のワンセットを，――当時，もっとも尊く・ありがたく・おそろしきもの四者を，神像のかわりに，その住居（またはかかわり深い）建築によって表現しようとしたもの」[4]と考えておられる。つまり，家屋文鏡の4棟は現実の豪族屋敷とは次元の異なるものとなる。傾聴すべき見解であり，家屋文鏡を根拠として古墳時代前期の豪族屋敷の存在を説くことは保留すべきかもしれない。しかし，静岡県小深田遺跡では古墳時代前期の宅地が検出されている。幅2m前後の溝によって東西40m余，南北35m余の範囲が長方形に区画され，区画内には，7棟の掘立柱建物，3棟の竪穴式住居と井戸がある。同様の区画は連続しているらしい。現段階では最も古い宅地の遺構である。同種の遺構は，奈良県小泉遺跡[6]にもあるが，遺構の状況がやや不明確である。小深田遺跡の遺構と各地の家形埴輪を例証として，古墳時代前期に宅地が成立していることを主張することもできるかもしれないが，現段階では萌芽期として位置づけておく方が穏当であろう。

　宅地をいくつかの遺構によって明確に捉えることができるのは，古墳時代中期後半である。

　発見の端緒は，群馬県三ツ寺I遺跡である[7]。三ツ寺I遺跡の宅地は，一辺約80mの方形台状

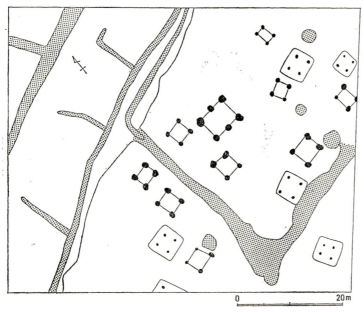

図 5 静岡県小深田遺跡の宅地

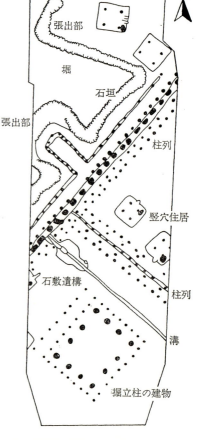

図 6 群馬県三ツ寺Ⅰ遺跡の宅地

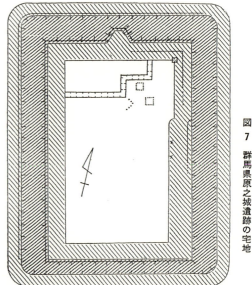

図 7 群馬県原之城遺跡の宅地

で，2 カ所に張出部をもち，まわりに幅約 40m，深さ 3m の堀をめぐらすという大規模なものである。台状部の周囲には回廊状の施設がめぐり，内部もまた回廊状施設によって 4 分割され，その一画には身舎が 3 間×3 間で四面に庇をもつ古墳時代とは考えられないほど整然とした建物が設けられている。遺物には，古式須恵器と土師器（和泉式，あるいは鬼高 1 式）のほか，多量の祭祀具（滑石製模造品——剣・勾玉・鏡・斧などのミニチュア）がある。遺構の年代は，須恵器や滑石製品からみて，5 世紀後半と考えられる[8]。

5 世紀後半にこのような整然とした区画と建物が存在することは，全く予想されていなかった。そして，区画の方位は，近隣の保渡田 3 古墳と関連する可能性があり，もしそうであれば，同地域に一定の方画地割の存在を予測させることにもなる。

しかし，三ツ寺Ⅰ遺跡の遺構は，あまりにも整然としていて，古墳時代中期の群馬県における普遍的な豪族屋敷とするには躊躇せざるを得ない。

その理由は，つづいて検出された群馬県原之城遺跡の宅地遺構である[9]。原之城遺跡の宅地は，100m×120m の方形区画のまわりに幅 10〜20m の溝をめぐらし，区画内周縁には基底幅 10m 余の土塁がめぐる。さらに，区画内にはL字形の溝があって，内区と外区を区別し，外区には区画と方位が一致しない掘立柱建物と竪穴式住居があ

る。区画内東北隅には手づくね土器約 300 点と石製模造品（鏡・剣・勾玉など）の祭祀具が集中している。遺構から検出される土器は鬼高 2 式であり，6 世紀後半に比定しうる。これは，三ツ寺Ⅰ遺跡

の例とほぼ同種ではあるが，区画内の建物配置は雑然としている。

近畿では，神戸市松野遺跡の類例がある[10]。松野遺跡は，大きくは2つの宅地が重複しているように思われる。小は，35m×40mの範囲を柵列で区画し，区画内に3棟の掘立柱建物をもつ。大は40m×50mの範囲を柵列で区画し，区画内に2～3棟の掘立柱建物をもつ。柵列のまわりには幅5m余の溝が部分的に設けられている。柱穴掘形内の須恵器から遺構の年代は6世紀前半と考えられている。

三ツ寺Ⅰ・原之城・松野3遺跡の遺構から考えられる5・6世紀の豪族屋敷は，一辺40m～100m余の方形で，周囲を土塁・環濠・柵列などで区画していることがわかる。原之城・松野両遺跡では，区画内の建物は必ずしも整然と配置されていない。この差が，時期差・地域差・階層差・機能差のいずれであるのかは類例が少ないため明らかではないが，5・6世紀の豪族屋敷は特定階層を除いて左右対称の整然とした建物配置をとることはなかったのではないか，と考えられる。他方，群馬県赤堀茶臼山古墳の整然とした左右対称形の建物配置は，あたかも7世紀以降の官衙の建物配置を思わせるものであり，5・6世紀の「特定階層」とは，赤堀茶臼山古墳被葬者級の豪族を含む，と考えることができる。

要するに豪族屋敷は，4世紀に萌芽し，5世紀後半には方形区画形態を成立させていた。そして，屋敷内建物配置には左右対称形と非対称形の二者があり，前者は7世紀以降の官衙的遺構に連なる可能性がつよい。言いかえれば，律令的社会の萌芽が5世紀後半～6世紀前半に認めうることとなる。ことは重大であり，単に建物配置だけではなく，他の事象をあわせて検討しなければ明らかにはし難い。

● 方 画 地 割 ●

前項で，5世紀後半～6世紀の豪族屋敷が方形区画をもつ事実に注目し，群馬県三ツ寺Ⅰ遺跡の方形区画の方位と近隣の保渡田古墳群の方位が一致する可能性から一定地域での方画地割の存在を類推した。このことは，群馬県下で数多く検出されている6世紀の整然とした方画の水田遺構の存在と一致するものである。

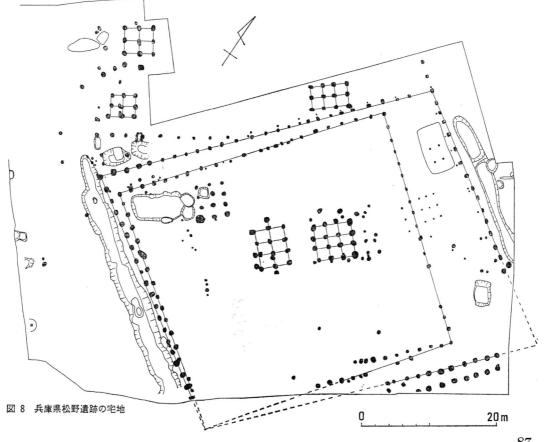

図8 兵庫県松野遺跡の宅地

方画地割の典型は,「条里制」である。5・6世紀の方画地割と条里制がどのように関連するかについては, 方画地割の成立過程の中でつぎのように位置づけた[11]。

第一期　自然地形に対応した地割

主として弥生時代から古墳時代中期に盛行した地割で, 微高地縁辺, ならびに微高地上に認められる。水田は居住地の近くに営まれ, いわば職住接近の自然村落型である。

第二期　初期方画地割

古墳時代中・後期から奈良・平安時代にかけて方画地割が施行され, 居住地と水田は分離する。5～7世紀には各豪族ごとに（第二期A）, 8世紀以降には国家レベルで行なわれたが部分的な施行にとどまっている（第二期B）。

第三期　方画地割の成立

12世紀以降, 日本列島の平野部に認められる条里地割が完成した。現存する条里区画の多くはこの段階に成立した。

12世紀は武士の台頭期と一致する。

つまり, 5世紀後半は日本列島における方画地割の初源期であり, 以降の土地区画制の祖型となる時期である。

● 専 用 祭 場 ●

古墳時代祭祀の類型と変遷については前号で述べたので省略するが, 弥生時代以来の系譜をひく,「火と水と稲穂のまつり——纒向型祭祀」にかわって登場するのが, 専用の祭場を新たに設ける「壇場と立物のまつり——石見型祭祀」である。「纒向型祭祀が, 稲籾・炊飯具・供膳具・機織具などをもって農耕儀礼本来の形を整えているのに対し, 石見型祭祀は, 人物・盾・家・鳥などの埴輪や木製品を主たる祭祀具としていて両者には系譜的なつながりは見出し難い」のである。石見型祭祀は, 従来の地的宗儀に対して天的宗儀との関連を考えうるものであり, その成立は6世紀初頭である。

● 祭 具 量 献 ●

祭祀はあらゆる時代に行なわれており, 祭祀を行なうには何らかの器具が用いられている場合が多いのは通常のことであろう。そして, ある時期以降, 祭祀専用の器具が製作され, 使用されるようになる。祭祀専用具の消長をたどることによって, 祭祀の定式化をたどることができるであろう。

祭祀専用具の一つに滑石製模造品がある。小林行雄氏は滑石製模造品には大きく二種あることに注目されている[12]。「案・杵・坩・履などの, 大型で一品が一, 二点ずつ納められているものと, 刀子・勾玉のように, 同種の品がそれぞれ一〇〇個以上にのぼるもの」の二者であり,「古くは一品一, 二点ずつであった石製模造品が, 滑石製の小型粗製の同種品を多数に副葬する傾向に変化していったのである」。そして, 小林氏は奈良県宮山古墳や大阪府カトンボ山古墳などを例証として,「畿内における同種多量の石製模造品副葬の風習が, 五世紀の初頭から中葉にかけておこなわれた現象」とされた。小林氏は, 三重県石山古墳東棺の刀子124個, 斧11個などの石製模造品は, 滑石製勾玉を多量にもつカトンボ山古墳とは異質であるとして, 滑石製品の同種多量副葬例から除外しておられるが, 石山古墳以前にこれほどの滑石製品をもつ古墳が認められないことからすれば, これを含めて祭具量献の萌芽と認めることができるであろう。

祭祀遺跡出土の滑石製模造品は, 主として臼玉・剣形品・有孔円板であり, 臼玉がもっとも多い。この品目は古墳出土品とは異なり, 刀子・斧などをあまり含んでいない。

滑石製模造品を多量に使用する祭祀遺跡が古墳での祭具量献の時期とほぼ併行するものとすれば, 両者の品目のちがいは祭祀の内容のちがいとして重視すべきであろう。古墳は墓であり, 祭祀遺跡は墓ではないことは当然であるが, 祭具の相違はこの差をこえているように思われる。臼玉・剣形品・有孔円板が, 高橋健自氏や大場磐雄氏の推定[13]どおり, 管玉・剣・鏡の模造品であるとすれば, あたかも前期古墳における玉・剣・鏡と一致する。玉・剣・鏡をもつ前期古墳被葬者が, 各地の王であり, 古墳で王権継承儀礼を行なったものとすれば, 5世紀後半以降にその模造品によって執行された祭祀は王権と何らかのかかわりをもったものと考えなければならないだろう。かかわりの内容は未だ明らかではないが, ことによると, 王権の変質を示唆するものかもしれない。

● 前方後円墳の変質 ●

前方後円墳は, 古墳時代の開始とともに, 王権

継承儀礼の場として出現し，展開した，と考えられている。このような前方後円墳の性格が，6世紀段階には変質するらしい[14]。和田萃氏の研究[15]によると，殯とは王権継承儀礼そのものであり，それは墓以外の場所（殯宮，のちには宮殿）で行なわれる。記・紀などの文献資料によると，王位継承儀礼として殯は6世紀前半にはじまる。そうすると，6世紀の古墳は，もはや王位継承儀礼の場ではないのであり，事実として各地に6世紀の前方後円墳が築造されていようとも，6世紀を古墳時代とよぶことはできないことになる。

前方後円墳の被葬者が王であり，王がカミであるとき，前方後円墳はカミまつりの場であった。6世紀に前方後円墳がカミまつりの場でなくなったとき，かつてのカミまつりの場も畏怖の対象ではなくなったのではないか。前期大型前方後円墳である行燈山古墳（「崇神陵」）の隣接地に横穴式石室墳がつくられたり[16]，奈良市歌姫横穴の床面に，近くの塩塚古墳の埴輪を転用する[17]などは，その例証であろう。

他方，渋谷向山古墳（「景行陵」）や奈良県瓦塚古墳[18]（中期前方後円墳）のように円筒埴輪列に須恵器が伴出している例は，古墳を古墳と認識した上での追祭祀を考えさせ，一律にはいかない。ともかく，古墳がいつまで古墳として認識されていたのか，宮殿がいつまで宮殿と認識されていたか，など，遺跡の推移は，王権の変質過程を検討する上でも，重要な課題であろう。

● 群 集 墳 ●

かつて，群集墳の成立は6世紀を特徴づけるものとされていた。現時点では，6世紀に群集墳が盛行することは確かではあるが，その成立は5世紀後半にさかのぼることが判明してきた。その契機は，奈良県新沢千塚古墳群の調査であり，つづいて同県火野谷古墳群，同県石光山古墳群などがある。

新沢千塚古墳群は，総数約600基からなり，一部は前期にさかのぼるものがあるものの，数を増すのは5世紀後半で，盛期は5世紀末から6世紀前半である。発掘調査したのは120基余であり，そのうち5世紀代の古墳は約25%で，6世紀中葉までの古墳は約70%である[19]。

石光山古墳群の時期別基数はつぎのとおりである[20]。群の形成は5世紀後半にはじまり，盛期は

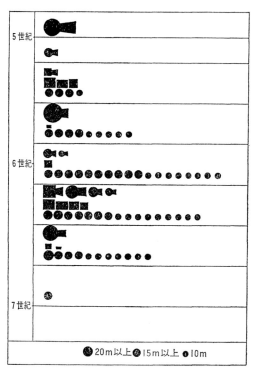

図9 新沢千塚の造られた時期と数

表3 石光山古墳群の時期別基数

	須恵器形式	古墳数
500	Ⅰ式後半	12
	Ⅱ式	25
600	Ⅲ式	14
	Ⅳ式	2

6世紀前半であって新沢千塚古墳群の傾向とほぼ一致している。

古墳が群集するということは，端的には被葬者階層の拡大を意味するものであり，社会構成の変革を示すものである。この現象が畿内にとどまらないことは埼玉県生野山古墳群[21]や福岡県池の上墳墓群[22]などによって類推しうることであり，関東以西の主要地域において進行したものと考えられる。

● ま と め ●

宅地，方画地割，専用祭場，祭具貢献，前方後円墳の変質，群集墳などの成立がおよそ5世紀中葉から後半にはじまることを考えた。つぎに，これら相互の関連を検討してみたい。

居宅の周辺を方形に区画して宅地とし，居館を構えることと耕地を方形に地割することは規を一にしたことであり，一定地域に方画地割が形成されつつある段階の現象と考えられる。かつて耕地は，自然地形に合せて，等高線に沿うように，したがって不整形に区画されており，住居もまた溝

表4 宅地・祭場・墓の変遷

	4世紀	5世紀	6世紀
居館（宅地の形成）		----	----
方画地割			----
専用祭場		----	----
祭具量献		----	
前方後円墳の変質		----	----
群集墳		----	----

などで区画されることはなかった。方画地割は，自然地形を規制して出現する。いわば不自然な地割であり，周辺居住民の合意がなければ成立し難いであろう。そこに住民の意思を統合する権力の成長をよみとることができる。成長した権力が方画地割の一画に宅地を構える——それが居館の成立である。古墳出現段階に，大型前方後円墳を築造しうるほどの首長の成長がありながら，居館を構えることが顕著でなかったのは，前方後円墳が支配者層にとっては政治的記念物であっても，民衆にとっては宗教的記念物＝カミまつりの場であったからにほかならない。首長が居館を構えることは，民衆との隔絶——民衆の中のカミから支配者層のためのカミへと脱皮して行くことを示すものであろう。

前方後円墳の変質は，まさにカミまつりの場の変質であった。変質したカミが登場するのが，すでにその前段階から用意されていた専用祭場であり，祭祀用具もまた模造品が量産されて供献されるようになった。もっとも，時間的には祭具量献→専用祭場→前方後円墳の変質と進んでいるので，まつる側の意識の変化があって模造祭具を生み，まつる側の意識の変化を背景として前方後円墳の祭場から墓への変質が進行した，と考えた方がよいかもしれない。

これらの変革とほぼ併行して群集墳が成立してくるのは，個々の変革がそれぞれ独立しておこるのではなく，また単に支配者層だけの事情によるものではなく，中堅層の増大をともなう社会的変革として進行したことを示すものであろう。そして，これらの変革がこの時点でおこる契機の一つとして朝鮮半島からの思想・文物の導入が考えられる。例えば，4世紀末〜5世紀前半の陶質土器，鉄素材（鉄鋌），農具（「鋳造鉄斧」，U字形スキ先），武器（甲冑）の移入があり，中でも韓国福泉洞古墳群の革綴短甲は日本からの将来品と考えるよりも，韓国で生まれ，日本の古墳時代武器に，——戦斗に大きな影響を与えたものと考えるべきであろう。ここに，古墳時代史の中での5世紀中葉の変革を提唱する所以がある。

註
1) 水野正好「縄文時代集落研究への基礎的操作」古代文化，21—3・4，1969
2) 土井孝之『船岡山遺跡発掘調査概要Ⅱ』和歌山県教育委員会，1981
3) 藤沢一夫復元案（考古学雑誌，61—3，野上丈助論文引用）
4) 木村徳国「鏡の画とイヘ」家，社会思想社，1975
5) 原川 宏ほか『焼津市埋蔵文化財発掘調査概報Ⅱ』焼津市教育委員会，1982
6) 橿原考古学研究所，伊藤勇輔氏調査
7) 『三ツ寺遺跡説明会資料』群馬県教育委員会，1981
8) 須恵器は森Ⅰ式後半に相当し，埼玉県稲荷山古墳の須恵器よりも古いものを含む。稲荷山鉄剣の辛亥年を471年と考え，須恵器を礫槨埋葬時かそれ以前とみれば，およそ5世紀後半の年代がふさわしい。
9) 中澤貞治「原之城遺跡・下吉祥寺遺跡」伊勢崎市教育委員会，1982
10) 『松野遺跡現地説明会資料』神戸市教育委員会，1981
11) 石野博信「古代方画地割の整備」考古学と古代史，明文舎，1982
12) 小林行雄「中期古墳時代文化とその伝播」古墳時代の研究，青木書店，1961
13) 高橋健自『古墳発見石製模造器具の研究』帝室博物館，1919
    大場磐雄『祭祀遺跡』角川書店，1970
14) 石野博信「古墳の発生」歴史公論，4—3，1978
15) 和田 萃「殯の基礎的考察」史林，52—5，1969
16) 笠野 毅「崇神天皇陵陪冢い・ろ号の外構柵設置箇所の調査」書陵部紀要，27，1975
17) 小島俊次・北野耕平「奈良市歌姫町横穴」奈良県抄報，12，1959
    河上邦彦・今尾文昭「奈良市塩塚古墳」奈良県遺跡調査概報，1978
    河上氏は歌姫横穴と塩塚古墳との関係について指摘しておられる。なお，新しい古墳での古い埴輪の転用については間壁葭子氏から示唆をうけ，河上氏の見解については千賀 久氏の指摘をうけた。
18) 久野邦雄・関川尚功『斑鳩町瓦塚1号墳発掘調査概報』奈良県教育委員会，1976
19) 泉森 皎『新沢千塚の遺宝』千塚資料館，1978
20) 河上邦彦「石光山古墳群の築造過程」葛城・石光山古墳群，奈良県教育委員会，1976
21) 菅谷浩之・駒宮史朗「児玉町・美里村生野山古墳群発掘調査概報」第6回遺跡発掘調査報告会発表要旨，1973
22) 橋口達也『池の上墳墓群』甘木市教育委員会，1979

考古学と周辺科学　3
情報工学

考古学の基盤である古代情報の収集・蓄積・処理という場面で情報工学の役割は考古学の発展とともに大きくなってきている

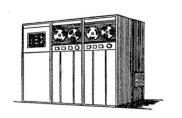

大阪電気通信大学工学部教授　小沢一雅
（おざわ・かずまさ）

はじめに

社会生活のいろいろな場面で"情報"という言葉が日常的にどんどん使われる時代になった。このような状況を加速する社会現象として，コンピュータが社会システムの中で決定的な役割を持つようになってきたことが目立っている。

"情報"という言葉は，今の時代を特徴づける響きをもっているようである。情報という言葉が格段に重要性を増し，また一方でコンピュータが着々とその役割を広げているという現実には，はっきりした理由がある。情報量の爆発的な増大である。情報時代を過去から区別する重大な一点は情報量の爆発にあるといってもよい。ちなみに，書籍の発行部数，毎年報告される各種研究論文の数，裁判所の判例など"情報"にかかわりのあるあらゆる事例の統計調査を見て戴きたい。一部の例外を除いて，ほとんどが爆発的な増加傾向を示しているはずである。

書斎の棚にある程度の量の書籍については，特別な工夫をしなくても何がどこにあるか，何が無いか，何を見ればよいかはすぐにわかるが，これが数千冊，数万冊，数十万冊，……と爆発的に増加した場合はどうであろうか。筆者の書斎のような乱雑なやり方では，数百万冊と言えども，1冊の書籍より無価値である。何がどこにあるか，何が無いか，何を見ればよいか皆目見当がつかないのでは，巨大な紙屑に過ぎない。情報の量が飛躍的に増大した段階では，それに対処する方法・手段を抜本的に変革する必要性が生じてくるのである。

情報というものは，鉄や石油などのような目に見える物質ではないが，情報時代にはそれを便利な形に加工し，整理し，使いやすくするためのテクノロジーに対する要求が自然発生的に高まってくる。

オフィス業務の世界に浸透しつつあるOA（オフィス・オートメーション）や，国立民族学博物館におけるコンピュータリゼイション[1]は，ほんの一角を示す実例である。

会社の売上高，新製品の性能，研究論文，裁判所の判例，古代鉄剣の含有組成あるいは古代史料も，つまるところすべて"情報"である。情報量の爆発に対処する技術の革新が迫られている。情報工学が果たすべき役割の一つは，社会の様々な場面で高まっている"情報"に関する技術革新の要請にはっきりした指針を示し，同時に有用な工学的技術を提供することにある。

情報工学とコンピュータ

情報工学は，情報の発生・伝達・収集・蓄積・処理に関する工学である。情報は，鉄や石油のような物質ではないが，情報工学はあたかも従来の工学が対象としてきた物質と同じように情報を取り扱おうというものである。

物質やエネルギーに関する工学は18世紀以来飛躍的な発展を遂げ，現代社会の根幹を支えていることは周知の通りであるが，情報を工学の対象

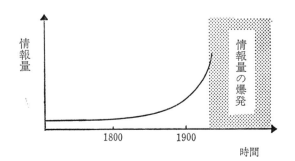

多くの情報は爆発的な増加傾向を示す

としなければならない理由が生じてきたのは比較的最近のことである。

　ある社会が生み出す情報量は，その社会における知的生産力の指標であると筆者は考えている。人間の知的活動が多様性と深まりを増すにつれ，情報量の増大は次第に加速される。

　学術研究は人間の知的生産の最たるものである。ある研究が始まったばかりの段階では研究者の数も限られ，生み出される情報量も一定の枠を越えることはないが，研究者の増加が増加を呼び，活発で多様な研究活動が広範にくり広げられるという状況に至ると様相は一変してしまうものである。

　情報時代における情報量の爆発という現象は，とりもなおさず社会のすみずみで知的生産力が高揚しているという事態を示すものである。事態をスムーズに迎え入れる態勢が整わなければ，社会システムに重大な混乱が生ずるおそれも出てくるであろう。

　情報工学的技術を具現化する手段は，何といってもコンピュータである。コンピュータは情報の蓄積と処理のための装置であるが，扱える情報の量の大きさ，つまり「大量性」と，処理の「高速性」にこそ最も重要な意義がある。情報量の爆発に対処するための手段として，コンピュータが主役を演じている理由は，まさにこの大量性と高速性に帰するといっても過言ではないのである。コンピュータの始祖ともいえる初期コンピュータが1945年前後に出現して以来[2]，現在のコンピュータに至るまで装置としての基本構造に本質的な変化はないが，大量性と高速性という特質は技術革新によってますます磨きがかけられている。

　情報工学の提供する技術がつねにコンピュータによって具現化されるという現実があるため，あたかも"情報工学＝コンピュータ"という図式が成立するような観を呈しているが，コンピュータはあくまで情報工学の手段に過ぎないという点も大切である。さらに，コンピュータを用いてうまく設計されたシステムが驚異的な働きを示すことに衝撃を受けた人々が"コンピュータは人間を越える"という，いわゆるコンピュータ神話を信奉するに至った一時期もあった。

　コンピュータが人間を越える点は，大量性と高速性においてのみであり，知的生産の主体は今後とも人間であることに変わりはないのである。コンピュータの限界を正しく認識することが必要である。

　考古学は，情報工学の言葉を借りれば，古代情報の収集・蓄積・処理に基礎を置く科学であるといえる。古代情報が他の情報とは一味違った性格をもっている事情は当然のこととして，情報というものの本質を考えた場合には，他の情報と共通した普遍性が認められるであろう。したがって，考古学の基盤である古代情報の収集・蓄積・処理という場面で，情報工学が果し得る役割は考古学の発展とともに次第に大きくなってゆくと考えることができる。情報工学の主たる手段がコンピュータである以上，考古学の発展に向けて様々な情報工学的技術を活用しようという考え方を「コンピュータ考古学」の発想とよぶのが適当かも知れない。コンピュータ考古学は，考古学の世界に迫り来る情報量の爆発という事態を十分な余裕をもって迎え入れるために，ぜひとも必要な発想に違いない。

コンピュータ考古学

　考古学におけるコンピュータ利用の歴史は比較的新しいものではあるが，国内外の考古学調査・研究機関を中心にすでに活発な研究が進められ成果をあげているようである[3,4]。

　ここでは，情報工学をバックグラウンドとしたコンピュータ考古学の視点から，考古学におけるコンピュータ利用について述べる。コンピュータ考古学は，情報の収集・蓄積・処理という3つの面をもっているが，以下ではそれぞれにおける典型的な具体例に焦点をあてながら，今後の可能性を探ってみたいと思う。

（1）リモートセンシング——情報収集の技術——

　地表における調査では確認できなかった古墳の周庭帯の存在が，航空観察によって判然とした形で浮かび上ってきたり[5]，地面の植生の色彩変化の形をとって現われた地下遺構が航空観察によって発見された事例[6]はよく知られているところである。

　リモートセンシング（遠隔観測）という言葉はこのような航空機による写真観測や，最近では人工衛星によるマルチバンド観測といった超高空からの観測を指すことが多いが，ここではむしろ用語の本来的意味，つまり遺物・遺構に直接手を加

音波探査実験風景
古墳の墳丘で計測域を設定し，地表下の石室を映像化する実験[7]。昭和 50～51 年にかけて行なった筆者らのグループによる。

えないで必要な情報を収集する方法と理解して話を進めることにする。

X線や超音波によって遺物・遺構の構造やあらゆる特質を調べたり，抽出する手法も，すべてリモートセンシングと考えると，古代情報の収集におけるリモートセンシング技術には，医学領域におけるそれに似て将来にわたって期待のもてる内容が含まれている。

リモートセンシング技術の根幹はいわゆる"計測"の技術であるが，計測された情報の中から必要とするものだけを抽出したり，あるいはできる限り必要な情報のみを計測できる技術を追求するには情報工学的発想が不可欠である。また，情報の本質に普遍性があるとはいえ，他の分野で効果の高いリモートセンシング技術をそのまま考古学に持ち込んでも必ずしも同様な成功をおさめるとは限らないという点も重要である。コンピュータ考古学は，古代情報特有の性格を見きわめながら推進しなければならず，単なる技術移入とは一線を画するものと考えられる。

考古学におけるリモートセンシング技術の可能性の一つは，周知のように発掘調査の支援であろう。すでに，電気探査や磁気探査についてはかなりの実績が得られているようである。また近年，音波探査についても研究が進行しつつある[4,7]。

ただ，現在のところ，これらの探査技術はあくまで調査対象との"接点"に位置する個々のセンサー（計測器）のみの関心にとどまっており，コンピュータの利用を前提とした「地下遺構情報収集システム」を志向する動きにまでは至っていない。しかし，センサーの開発・改良研究が進展するにつれて，今後このようなシステム的発想を促進する気運が次第に高まってくるものと思われる。

発掘調査の支援という目的のみならず，考古学における情報収集の一般的技術として，"リモートセンシング"の可能性には大いに期待できるものが含まれているようである。

（2）データベース──情報蓄積の技術──

筆者の専攻する情報工学を含む自然科学の領域では，研究者がきわめて多数であることもあって，物理―電気工学の領域に限ってみても，毎年報告される研究論文の数は，世界中で数十万件に上るという情勢にある。ここでは，もはや伝統的な研究のスタイルは崩壊しつつあると言ってよい。自

前方後円墳データベース（REDATO）[8] の出力例
この分布図は「近畿地方にあって，墳丘長が 200 m 以下の前方後円墳の分布図を作成せよ」というコマンド（指令）によって画面に描かれたものである。

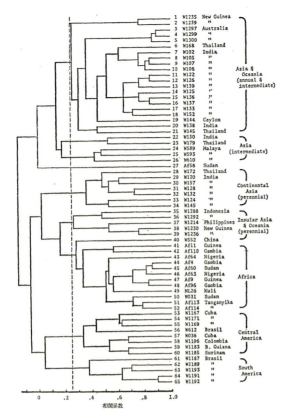

世界各地の野性イネ系統の表型的クラスタリング[11]
24 形質のデータに基づいて行なわれている

分の研究と関連のある論文がどれかを図書館へ足を運んで探し出すことはまず不可能で，自分の研究を特徴づけるキーワードをいくつか選んでおいて検索を文献サービス機関に依頼するか，あるいはみずからコンピュータ端末器のキーボードをたたいて自動検索し，著者名，論文名，雑誌名，巻号，出版年などの情報を得たのち，改めて図書館で該当論文を探し出すという手順を踏まざるを得ない。いずれにせよ，ここで最も重要な役割を演じているのは世界中の論文をくまなくコンピュータの記憶装置に格納し，キーワードによる瞬時的検索を可能にしている「文献データベース」に他ならない。

蓄積すべき情報量の爆発という事態を乗り切る最善の手段は，データベース化であろう。1978 年に筆者が見聞した大英博物館の Tite 氏の研究グループでは，約 500 万点に上る大英博物館の所蔵品のデータベース化を構想中であった。適当な時間をおいて再訪し，実現のプロセスを情報工学的観点から直接見てみたいと考えている。

コンピュータ考古学がめざすべきものは「考古学データベース」であろう。これは，あくまで責任ある国公立の研究機関が中心となって実施すべき巨大プロジェクトであって，一朝一夕に実現し得るほど容易なことではないと思われる。日本考古学では，漢字を含めた日本語による記述形式が不可欠であるが，最近の技術革新によってコンピュータの日本語処理機能は一段と高まっている。考古学データベースを実現するための技術的環境はいよいよ熟してきたといえよう。

一方，考古学データベースのような考古学全域をカバーする巨大プロジェクトのみならず，対象を限定した研究支援型のデータベースを必要に応じて構築するという状況も次第に生まれて来ると考えられる。筆者らが作っている前方後円墳データベース[8]は，前方後円墳の形態研究の支援を目的としたデータベースであって，各地の前方後円墳の所在，内部施設，外部施設，立地，実測図などの 30 項目以上に上る情報とともに日本地図をもコンピュータの記憶装置に格納し，必要な情報を迅速に提供できる態勢を整備しようとするものである。

研究支援型のデータベースは，目的に応じたきめの細かい設計が可能であり，今後考古学における有用な研究手段として各方面で具体化されるものと予想される。

（3）情報処理の技術

情報の形態が千差万別であると同時に，処理のあり方も様々であるから，考古学領域に限っても，情報処理という言葉が含む内容はきわめて豊富なものがあるはずであり，限られた紙面で十分なことを述べることはできない。極論すれば，資料操作のすべてが情報処理であると言えるのであって，コンピュータ考古学に占める情報処理の比重は大変大きい。したがって，以下に述べる情報処理がごく限られた事例になるのをお許し戴きたい。

考古学では，遺物・遺構を分類し，類型化するといういわゆる型式学的な研究がしばしば行なわれている。その中には，「クラスタリング」とよばれる情報処理技術を応用して効果をあげ得る例もかなり含まれているのではないかと思われる[9,10]。

クラスタリングは，多数の個体を類似性の尺度にしたがっていくつかのグループに類型化する手法であり，個体の集まり，すなわちデータに対す

る一定の理解を組織的に得る手段として有用である。すでに広い分野で用いられ，効果をあげている。図に引用しているのは生物学への適用例[11]である。

クラスタリングに関連して，統計的方法も多数の資料を扱う考古学では，もっと積極的に用いられてもよいものの一つである。コンピュータの利用によって，伝統をもった統計学の知恵を有効に活用できる場面は決して少なくないと思われる[3]。筆者は，前方後円墳の形態分析に統計的方法を用いて，型式変化指数[8,12]を導いている。

コンピュータによる情報処理の主流は統計的方法をはじめとする数値処理である。つまり，考古学資料を適当に数量化した後，計算処理を施して得られる"数値"に何かを語らせる形式である。数値処理の有効性は今後とも変らないにせよ，数量化することができない資料には全く無力である。このような"非数量的"問題に対しては，情報工学で注目を集めている最近の人工知能的方法[13]が役立つ可能性がある。

銅鐸や銅鏡を古代的技術に従って鋳造したり，埴輪を焼いたりあるいは古代船で海を渡ってみるといったいわゆる実験考古学がしばしば報告されている。原理的に実験が可能な問題については実験考古学は一定の結論を導くことができるわけであるが，実験が不可能かあるいは非常な困難を伴う問題に対しては明らかに無力である。このような場合には，コンピュータ・シミュレーション[14]を利用する研究方法が有望であろう。

一方，最近の優れたコンピュータ周辺機器たとえば，カラーグラフィックスや三次元ディスプレイなどを活用して，情報の図的表現を工夫することによっても，新しい視点を開拓することができる可能性もある。コンピュータ考古学における情報処理の未来には，測り知れない可能性が秘められているように見える。

むすび

考古学が発展を続け，われわれの祖先が生き抜いてきた古代の姿が次第に明らかになってゆくことはすばらしいことである。

情報工学的技術をうまく取り入れることで，増加し続ける情報を十二分に消化しながら古代を探究する状況は遠からずやって来ると思う。コンピュータ考古学の主役はあくまで考古学者であって，考古学者がみずからシステムを操作して研究を進めてゆくというスタイルがごく自然なこととして受けとめられる日も遠くないと思うのである。

情報工学からみてもコンピュータ考古学は魅力あふれる壮大なテーマであり，筆者も強い関心を抱いてきた。紙面を借りて，志を同じくする若き考古学兄諸氏に学際的共同研究を呼びかけつつ，本稿をしめくくりたいと思う。

註
1) 杉田繁治「民族学研究におけるパターン情報処理―国立民族学博物館における事例」電子通信学会研究会資料，PRL 80-80，1981
2) ペンシルバニア大学の ENIAC，ケンブリッジ大学の EDSAC などいわゆるプログラム内蔵方式の計算機が 1945 年前後に各地で試作された。
3) 代表的な文献のみにとどめる。
   J. E. Doran and F. R. Hodson, Mathematics and Computers in Archaeology, Edinburgh, University Press, Edinburgh, 1975
   S. Upham, Computer Graphics in Archaeology, Arizona State University, 1979.
4) 古文化財編集委員会編「考古学・美術史の自然科学的研究」学振，1980
5) 末永雅雄『古墳の航空大観』学生社，1975
6) I. Scollar, Computer Image Processing for Archaeological Air Photographs, World Archaeology, Vol. 10, No. 1, 1978
7) K. Ozawa and M. Matsuda, Computer Assisted Techniques for Detecting Underground Remains Based on Acoustic Measurement, Archaeometry, Vol. 21, No. 1, 1979
8) 小沢一雅「前方後円墳データベースと形態分析」考古学ジャーナル，1983 年 3 月掲載予定
9) F. R. Hodson, D. G. Kendall and P. Tautu, Mathematics in the Archaeological and Historical Sciences, Edinburgh University Press, Edinburgh, 1971
10) K. Ozawa, Classification of the Keyhole Shaped Tombs by Template Matching Method, IEEE Trans. on Computers, Vol. C-27, No. 5, 1978
11) 森島啓子「生物学におけるクラスター分析の話題」数理科学，190，1979
12) 小沢一雅「前方後円墳の統計的形態分析」考古学と自然科学，1983 年 4 月掲載予定
13) J. Doran, Complex Process Models and the Understanding of Prehistoric Change, Computer Applications in Archaeology 1976, Univ. of Birmingham, 1976
14) I. Hodder, Simulation Studies in Archaeology, Cambridge Univ. Press 1978

書評

大塚初重・小林三郎編
古墳辞典

東京堂出版
B6判　458頁
4,200円

　発掘調査は文化財保護法が施行された昭和25年秋から届け出制となった。この年全国から82件の発掘届が提出されたという。しかし日本考古学協会が編纂した年報によれば170を越える発掘の記録があり，年間の調査件数を知ることができるだろう。こうした中には三重県石山古墳，奈良県茶臼山古墳，大阪府黄金塚古墳，福岡県銚子塚古墳を含む27基が紹介されている。

　保護法制定に関して藤田亮策は「世界に誇るに足るこの新法律が完全に施行され，社会全般に徹底できるならば，日本の国土と民族との過去の文化は，幾分なりと救われるであろう」と述べておられる。いずれにせよ遺跡が法的に保護されるようになった点は注目される。

　昭和25年全体で170件強の件数であった発掘調査が年間1,000件を越えるようになるまでに20年の歳月が必要であった。それは昭和45年の1,126件である。この増加は自然増である。

　ところが昭和47年に田中内閣が成立すると様相は一変し，翌昭和48年には2,066件とわずか3年で2,000件を越してしまった。この頃から発掘調査＝破壊というパターンが一般化し，遂に昭和56年には1万件を越える発掘調査が行なわれ，その90パーセント以上が破壊された。この小さな島国で年間1万件を越える遺跡の発掘は正に異常である。

　研究者でさえも県単位の情報が把握できなくなり，厖大な出土品は一種の公害をまねき，出土品の処理に手をやく行政の中には土器を地下に埋没させる所が出て来たり，急造の発掘担当者の中には出土品のうち完形品以外のものを現場に放置する者さえ出て来る仕末である。

　発掘調査の大半が破壊を前提として行なわれており，研究は進展するどころか，後退の一途をたどり，安易な新造語によって考古学用語は混乱し，氾濫する資料によって学問的感動を失いかけているのがわが考古学界であるといったら言いすぎだろうか。

　そうした現状の中で古墳だけを取り扱った辞典が刊行されたことは注目に値するといえるだろう。従来考古学辞典は3種類あってそれぞれの性格を有しているが，それはすべて学界をあげて編まれたものである（図解考古学辞典，日本考古学辞典，世界考古学事典）。しかし本辞典は編者の他に6名が参加したのみで完成したものであるという特徴を持ち，さらに編者も含めて全員が明治大学出身者であることも興味深い。

　編者のねらいは確実な資料を紹介することと，混乱する考古学用語を少しでも統一したいということのようである。そのことは執筆者を少数に厳選したことによく表われている。

　その内容は，第1にカラーグラビア8ページがあり，次に都府県別目次があって，第一部遺跡編となる。ここでは古墳590基，古墳群128ヵ所，横穴群27ヵ所，横穴9基，地下式墳2基，現在天皇陵に指定されている古墳（本文では「天皇陵古墳」と呼ぶ）8基，それに埴輪製作跡2ヵ所，祭祀遺跡1ヵ所など約800ヵ所の古墳時代遺跡が紹介されている。

　これらの遺跡は，所在地，規模，埋葬施設，副葬品，文献の順で記載されている。6人の執筆者が800項目を担当したとすると，1人100ヵ所以上のきわめて単調な作業である。その苦労ははかり知れないものであったことが理解できる。

　第二部は用語解説編であり，次の項目が整理されている。

　Ⅰ　古墳とは何か
　Ⅱ　古墳時代の変遷
　Ⅲ　古墳時代の区分
　Ⅳ　古墳の形態と種類
　Ⅴ　古墳の築造と外部施設
　Ⅵ　古墳の内部構造
　Ⅶ　副葬品

　以上の順で510項目の古墳時代用語が使用されている。そして最後に第二部の索引があって458ページが終っている。

　どんな辞典にも長短が存在するのは当然である。本書の場合，少人数で執筆されたために意志の統一が容易であったこと，さらに800ヵ所もの資料を紹介した点は誠に便利なものと思われる。

　しかし長所ばかりではないこともまた事実である。その一は執筆者の努力にもかかわらず誤植が非常に多く，先の3種の辞典が広く支持され版を重ねているだけに同情したい。辞典という性格上誤植は最少限でなければならないはずであるのに「古噴」が14ヵ所も存在したのでは編者にとって青天霹靂であったと思う。

　版を重ねる中でより良いものとして完成されて行くことを祈りたい。　　　　　　　　（茂木雅博）

書評

加藤晋平・小林達雄・藤本強編
縄文文化の研究 6
続縄文・南島文化

雄山閣出版
B5判 256頁
3,000円

　これまで，日本文化の生成について論じる時，一つの重要な視点が欠けていた。それは，日本列島の南と北の文化である。さらに具体的にいえば，北海道と沖縄の歴史であるが，古代においては東北地方も含めて考えられる。ではなぜこれらの地域の歴史が重要であるかというと，それは単に日本列島全域の歴史を網羅して論じなければならないということではなく，これらの地域の歴史が，日本民族・文化の成立にかかわる重要な問題をはらんでいるからである。つまりこの地域の文化は，近年問題になっている日本人の起源を解明していく上での重要な鍵をにぎるものなのである。

　このような問題が，今日注目をあびるようになってきた時，『縄文文化の研究』6─続縄文・南島文化が出版されたことは，誠に時宜に適したものといえよう。本書は，
1. 総論──藤本　強
2. 続縄文文化──藤本ほか 10 氏
3. 南島文化──高宮廣衞ほか 5 氏

より成っている。

　まず総論の中で藤本氏は次のように述べている。日本列島の文化は，「縄文時代には，若干の地域差をもちつつもほぼ同一歩調をとっていたものが，水稲耕作を生産基盤にもつ農耕社会が本州・四国・九州に成立した時点で決定的な差異が生じる。」そして，最終的には弥生社会の後身が北海道と南島を統一するが，この間，「1,500 ないし 2,000 年の間，日本列島には，3 つの文化がみられることになる。」それは，「続縄文文化・擦文文化・アイヌ文化と続く『北の文化』，弥生文化・古墳文化に続く一連の『中の文化』，南島文化と呼ばれる『南の文化』である。」

　同氏はさらに，次のように述べている。「これまで日本の文化というと，とかく先述の『中の文化』のみが強調されすぎていた。むしろ『北の文化』と『南の文化』は全く無視されていたといってもいいすぎではないであろう。」

　藤本氏はこのような視点から日本列島南北の両文化をとらえているが，今日，日本文化の生成を論じるに当たって，この南北両文化を抜きにして考えていくことができないのはいうまでもない。

　まず続縄文文化については，住居，道南・道央地方の墳墓，道東地方の墳墓，道南地方の土器，道央地方の土器，釧路地方の土器，北見地方の土器，石器，木製品，骨角器について，各節ともそれぞれの研究者によって執筆されている。いずれも，個々の具体例について優れた分析を行ない，現在の続縄文文化研究の水準を示すものである。

　なおここで木村英明氏は，骨角器について論じた後，「続縄文文化は，これまでどちらかといえば"停滞的性格"が強調されてきた……。しかしこの"停滞性"に関する認識は，弥生（稲作）文化を先進的とし，それとの単純な対比にもとづいて形成されてきた一面的な認識にすぎず，……」と述べ，従来，続縄文文化が正しく評価されていなかったことを指摘している。

　南島文化については，南島文化概論，沖縄諸島の土器，伊波式・荻堂式土器，奄美列島の文化，トカラ列島の文化，南島の骨角貝器，伊豆・小笠原諸島の文化の各節よりなり，それぞれの研究者によって執筆されている。

　まず高宮氏は，琉球列島の文化の二元的性格，つまり，九州・台湾という南北の二島嶼からの文化の波及について述べた後，沖縄諸島の暫定編年(試案)を示し，さらに先島諸島について論じている。

　また上村俊雄氏が，骨角貝器について，「南島において，武器・工具として使用されたのは，大型のスイジ貝が豊富に得られたからであり，本土に入って呪的性格をもつようになったのは，貝そのもののイメージもさることながら，日本近海ではなかなか得られない貴重品であったことに起因する……」と述べているが，外から日本列島に流入した道具一般についても考えさせるところがある。この点からも，日本列島への文化の流入については，北，朝鮮半島，南からの例を比較考察することが必要である。

　本書を全体的にみると，北は住居，墳墓，土器，石器など遺跡・遺物が総合的に取り扱われているのに対し，南は土器，骨角貝器など，遺物に重点がおかれているが，これは現在の研究の段階の反映であり，両者のバランスのとれた研究は，むしろ学界の今後に期待すべきことであろう。

　いずれにしても，日本列島の「北」と「南」の文化を一書にまとめたことの意義は大きく，今後，両者と「中の文化」を有機的に関連させながら研究が進められれば，日本文化の生成についての研究は大きく前進するに違いない。そのために本書は大きな役割を果すことであろう。

（上野佳也）

論文展望

選定委員（五十音順・敬称略）
石野博信
岩崎卓也
坂詰秀一
永峯光一

大塚達朗
隆起線文土器瞥見
東京大学文学部考古学研究室
研究紀要 1号
p. 85～p. 122

　隆起線文土器の型式学的編年は隆線の太さの変化や，粘土紐の貼付から工具による横引きという文様描出の変化などに依拠し組み立てられ，九州に始まり本州は関東・東北に及ぶ一つの変遷系列を想定する試みがあるが，型式学的分類基準の曖昧さ，地域ごとの編年網の欠如が目につく。そこで別の型式分類体系の下に，近年資料の充実著しい関東地方の隆起線文土器群の時期的細分と他地方との対比に取り組んだのが本稿である。

　隆起線文土器の文様帯で単帯の例を1帯型，重畳する例を多帯型とし，器面に広く多数の隆線を横走させる例を多条型と分類し，次に1帯型は文様帯内の隆線の条数から，1帯1条型，同2条型，同3条型，同4条型，同多条型と細別し，多帯型は2帯型と3帯型に分ける。このような細別の上で，各型式の文様帯内隆線の性状の比較や遺跡での型式の複合状況などより，各種型式をいくつかの系列に組織化し，各系列の型式の平行関係からⅠ～Ⅳ期の変遷を関東の隆起線文土器群に見い出した（Ⅰ期には古・新の2亜期を設定）。なお，最も新しいとされる「ヘ」の字形爪形文をもつ例は各時期の施文技法に対応して出現するものと考えるに至った。

　如上の分析を踏まえ，関東Ⅰ期の1帯型を視座に置き日本列島を見廻すと，従来各地で古式とされる隆起線文土器が平行に並び，かつ各々地域的な特徴を具有していることを指摘できる。関東Ⅳ期つまり終末期には，中部・東北を含め，それ以前の地域差が変容し別種の土器群（沈線文・爪形文）が伴存する可能性もある。

　結論として，九州から本州へ隆起線文土器が伝播遷移するとは単純に考え難いと言える。すなわち，それは縄文式土器の起源をめぐって，「無文土器」や「豆粒文土器」の発見と相まってより複雑な社会関係を想定せざるを得ず，時期的細分・地域的細別を進行せしめ，当時の社会的諸関係把握に直接連なる型式学的研究を一層推進しなければならないのである。
（大塚達朗）

松井和幸
大陸系磨製石器類の消滅とその鉄器化をめぐって
考古学雑誌 68巻2号
p. 1～p. 42

　戦後，弥生時代研究の中で生産用具としての鉄器に対する研究が進められるようになってきたが，石器（大陸系磨製石器）から鉄器へという生産用具の質的変化に対して，その保管場所と考えられる住居跡内での両者の共伴例を中心資料として取り扱い，弥生時代における生産用具の材質的変化（＝鉄器化）とは具体的にはどのようなものであったか，その実態の把握を意図した。遺跡の地域区分では，日本列島を西日本（近畿以西）と東日本の2大地域に分け，西日本はさらに北部九州と近畿地方の2地域に分割した。

　まず工具では，石斧の残存する例として北部九州の長崎・原ノ辻，福岡・神松寺・野方中原などの遺跡で太型蛤刃石斧，佐賀・千塔山で片刃石斧がみられ，近畿地方の兵庫・中ノ田，大阪・観音寺山，京都・田辺天神山，奈良・唐古などの遺跡では蛤刃石斧がみられる。こうした石斧類の残存例と鉄斧の大きさから考えて，弥生時代工具の鉄器化は伐採斧（太型蛤刃石斧）よりもむしろ加工斧（片刃石斧）により早く進んでいるといえる（量的に加工斧が多い）。また東日本では，柱状片刃，抉入片刃，太型蛤刃石斧が量的に多く，扁平片刃石斧は少なくなる。よって伐採斧がより早く鉄器化するという佐原真氏の考えは支持できない。

　一方農具の面では，北部九州佐賀・千塔山，福岡・室岡遺跡群・神松寺などで石庖丁が弥生時代の終末まで普遍的に残存する。なお，これらの石庖丁は鉄鎌と共伴しているものが多く，鉄鎌を稲の根刈り用の収穫具としたり，あるいは鉄製摘鎌の存在から，稲の収穫具とすること自体にも疑問がある。

　最後に，東九州，長野，東北南部では弥生時代終末あるいは古墳時代前半期までは打製石器（扁平打製石斧，有肩扇状形石器，打製石庖丁）が残るが，これらは畑作用の農具であったため鉄器化が遅れたと考えられる。　（松井和幸）

新納泉
単竜・単鳳環頭大刀の編年
史林 65巻4号
p. 584～p. 615

　「黄金の大刀」などと騒がれる古墳時代後期の装飾付大刀は，後期古墳から出土するさまざまな武器のなかでもっとも目を引く遺物であろう。埼玉稲荷山古墳出土鉄剣銘に「杖刀人」とあるように，大刀は何らかの軍事的な地位のシンボルであったと思われる。したがって装飾付大刀の研究は，当時の兵制を考える上で重要なヒントを

与えてくれるにちがいない。

本稿では，単竜・単鳳環頭大刀の環内に見られる竜や鳳凰の頭部の文様と，環側に施された竜文を主要な対象として，型式学的研究法を用いて編年を試みた。環内と環側の文様に関して，退化に着目してそれぞれの型式系列を設定し，両者に矛盾が生じないことを確認する。そしてその結果を他の装具の要素と結びつけ，年代を明らかにするために6つの型式を設ける。このなかで，Ⅰ式は百済武寧王陵出土単竜環頭大刀であり，王妃にともなう紀年銘銀製腕輪の文様と類似するところからも，520年頃の製作と考えることができる。一方，単竜・単鳳環頭大刀の下限については，須恵器の年代から6世紀末頃と推定される。これによって，日本で出土する単竜・単鳳環頭大刀の多くは武寧王陵出土資料が変化したもので，6世紀中葉から末にかけて，しだいに退化しながら作り続けられたことが明らかになった。

このような操作によって，6世紀代の遺物のなかで明確な型式学的変遷をたどることのできる資料がひとつ加えられたものと思う。また，双竜・双鳳環頭大刀など，他の種類の装飾付大刀も，同じような方法を用いて年代を決定することができる。装飾付大刀の厳密な年代決定は，考古資料にもとづいて当時の兵制の実態を明らかにするだけでなく，各地の古墳の年代的平行関係をより正確にするためにも重要な役割を果たすものと思われる。

（新納　泉）

坂詰秀一
中世考古学の課題

立正大学文学部論叢　73号
p.9～p.27

中世における考古学の研究は，ヨーロッパをはじめアジアにおいても注目され，調査・研究が実施されはじめている。日本においてもかかる傾向が認められるようになってきたことは，遅ればせながら喜ばしいことである。中世における社会構造の実態を都市の遺跡を発掘調査し，その結果に基づいて考えていこうとする傾向もその一つである。鎌倉における調査は，地下に埋没された遺跡の発掘が，具体的に都市空間における建築遺構のあり方を把握するのに有効な手段であることを明瞭に物語ってくれた。同様なことは，戦国大名の都市形成の一例として知られている越前・一乗谷遺跡の場合についても指摘することができるであろう。従来，さして問題視されてこなかった中世の寺院遺跡が発掘調査によって，歴史的な位置づけが明確になる。その典型例を紀州・根来寺に見ることができる。また，市街地の下に埋もれている尾道・鞆の港町の発掘結果も同様な感をいだく。遺跡より出土する遺物類，とくに陶磁器類の時間的位置づけ，出土銅銭の検討による出土遺跡の性格の推察する方向も新しい中世究明のあり方を示唆している。

文献史料の検討によって中世社会の実像を理解してきたわれわれは発掘調査によって得られる歴史的情報，すなわち資料を史料化することによって，より豊かなそして具体的な中世社会を知ることができるであろう。中世考古学の確立は，まさに日本中世史の実像を把握することに連らなっているのである。

（坂詰秀一）

三島　格
沖縄先島地方における
無土器時代について

九州考古学　57号
p.1～p.10

本邦の最西・南端の沖縄県先島地方（宮古・八重山）では，石器・貝器のみの新石器時代における無土器時代をⅠ期，土器の登場は次のⅡ期（例：下田原 C14 年代 3,780BP）からだとする八重山編年が採用されている。近年，石垣島所在の神田・大田原遺跡の発掘により，有土器の大田原（Ⅱ期・C14年代も下田原に対応）が無土器の神田（Ⅰ期）よりも古いことが確認された。この結果をふまえて，有土器→無土器の逆転編年を認める見解が発表された。与えられた無土器時代の時間的深さは長大である。ある時期に忽然として土器のみが欠失するという技術の喪失をいかに解釈し説明するのか。しかも長大時間後に再登場するのである（Ⅲ期）。不可解かつ俄かに信じ難いという感をもつ。

低砂丘地（3～10m）に立地する無土器遺跡（計29）の性格について。貝・獣魚骨の食料残滓，石器および地炉（earth oven）が発掘された石垣島のフナクヤを例にとり，生活の場であることは確実だが，立地は定住地とするには不適切で，出先キャンプ地もしくは作業場であろうとした。対応遺跡が未知である点が拙論の弱点であるが，既往の遺跡あるいは今後の遺跡をこの視点で検討する必要がある。年代について。得られた5遺跡はBC 3世紀からAD 11世紀でその一斑をうかがい得る。結語：①無土器遺跡は存在しても生活はそれのみで完結するものでなく既知あるいは未知の有土器社会と補完関係にあるとみるべきだ。②遺跡の性格を先史・現存未開種族の例をあげて，キャンプ地・作業場と把握し，土器を欠くもしくは発見され難い理由とした。③季節性の有無について。自然遺物の面からこの遺跡の検討を要望した。④最古の下田原相当期でも②の性格をもつ遺跡があり得るだろう。⑤土器時代から古代文化が展開し，無土器時代を認めない私見は，八重山編年と異なる結果となった。先島地域のみは例外だとする見解は再検討の余地があろう。

（三島　格）

文献解題

池上 悟編

◆伊茶仁カリカリウス遺跡発掘調査報告書　北海道標津町教育委員会刊　1982年3月　A4判　196頁

　北海道の東端，知床半島と根室半島を結ぶ海岸線の中央部に位置する標津町を東流する伊茶仁川と支流のポー川に挟まれた標高20mの台地上に位置する遺跡である。竪穴90，小竪穴15が確認され，オホーツク式系土器を主体とし擦文土器も伴出する時期の住居址11軒，土壙墓3基が調査されている。

◆萪内遺跡―岩手県埋文センター文化財調査報告書第37集　岩手県埋蔵文化財センター刊　1982年3月　B5判　1410頁

　盛岡市の雫石川南岸に位置する遺跡の報告である。縄文後・晩期を中心とする55軒の住居址が検出されており，多数の土器・石器のほかに土偶257，動物土偶2，スタンプ形土製品9，鐸形土製品16，耳飾類23，環状土製品7点などが注目される遺物である。

◆大館遺跡群―大館町遺跡　盛岡市教育委員会刊　1982年3月　A4判　162頁

　盛岡市の北西部北上川と雫石川に挟まれて立地する遺跡の報告である。2回の調査により縄文中期大木8a～8b式期の住居址22棟，土壙17基，奈良時代の住居址2棟，土壙などが検出されている。

◆栗遺跡―仙台市文化財調査報告書第43集　仙台市教育委員会刊　1982年8月　B5判　304頁

　仙台市を東流する名取川下流域南岸に位置する東北古墳時代後期の栗囲式土器の標式遺跡の調査報告である。検出された遺構は住居址22軒，土壙9基などで，土器は実測されたもので434点を数え，7世紀代に4段階に分かれる時期が考えられている。

◆常法寺経塚　湯川村教育委員会刊　1982年3月　B5判　71頁

　福島県会津盆地の中央部，河沼郡湯川村に位置する常法寺境内に所在した経塚の報告である。地蔵菩薩の台座の下に位置した「元禄十三庚辰八月廿二日」の銘を有する石製経箱中に納置されていた経石で，15,921個中1,583個に十字一石を基本とする妙法蓮華経が認められるものである。

◆近世・山神窯跡の研究―大熊町史第3巻近世史料別冊　大竹憲治・瀬谷昌良ほか著　大熊町刊　1982年3月　B5判　96頁

　福島県の東部，太平洋に面する双葉郡の中央部に当る大熊町に位置する近世窯跡の調査報告で，近世相馬焼の主体をなした大堀焼系窯跡の一つとして僅少例である。全長8mの5室からなる地上式階段状連房登窯であり，茶碗を主体とする製品が出土している。18世紀後半より19世紀前半代の操業年代が想定されている。

◆竹之内遺跡―いわき市埋蔵文化財調査報告書第8冊　いわき市教育委員会刊　1982年3月　B5判　249頁

　福島県東南部いわき市の阿武隈山地中の夏井川流域に位置する遺跡の報告である。560m²という小規模な範囲の調査で，住居址1，土壙3基という遺構でありながら縄文早期の土器片6,942片，石器184点という豊富な内容を示す。

◆乙女不動原北浦遺跡発掘調査報告書―小山市文化財調査報告書第11集　小山市教育委員会刊　1982年3月　B5判　540頁

　栃木県小山市の思川東岸の台地上に位置する遺跡の調査報告である。縄文後期6，同晩期2，古墳時代中期13，平安時代29軒の住居址などの遺構が検出されている。

◆桜山窯跡群―埼玉県埋蔵文化財調査事業団報告書第7集　埼玉県埋蔵文化財調査事業団刊　1982年3月　B5判　270頁

　埼玉県中央部の比企丘陵に位置する窯跡群の報告である。東松山市に位置し，須恵器の窯跡2基，埴輪窯跡17基，工房跡3基の内容である。須恵器窯跡は蓋杯を主体に高杯・提瓶・甕などを焼成する6世紀代中葉の操業であり，埴輪窯跡は円筒および馬・人物などの形象埴輪を焼成する6世紀代後半の操業と想定されている。

◆谷津田貝塚　千葉市遺跡調査会刊　1982年3月　B5判　96頁

　東京湾最奥部の千葉市に位置する100×120mの台地上に展開した貝塚の確認調査。貝層は18×6m，厚さ30cmほどの小規模なものであり，春の一時期に採集・廃棄されたものと想定されている。

◆野川南耕地遺跡発掘調査報告書　野川南耕地遺跡発掘調査団刊　1982年9月　B5判　72頁

　川崎市域を南流する矢上川と，この支流の有馬川に挟まれて東へ突出する舌状台地上に展開する遺跡の報告である。検出された遺構は溝1条と弥生時代終末から古墳時代初頭にかけての竪穴住居址3軒と僅少であるが，該期に往々出土する小形土器に対する考察および住居址廃絶時の祭祀の想定など留意すべき点の多いものである。

◆辰口町下開発茶臼山古墳群発掘調査報告　辰口町教育委員会刊　1982年3月　B5判　188頁

　石川県の南部，西流する手取川の南岸の能美郡辰口町の丘陵上に位置する古墳群の調査報告である。西支群9基，東支群8基の木棺直葬を主体とするものであり，5世紀後半より6世紀前半代の年代が想定されている。

◆見田・大沢古墳群―奈良県史跡名勝天然紀念物調査報告第44冊　奈良県立橿原考古学研究所編　1982年8月　B5判　231頁

　奈良県北部の宇陀郡菟田野町の茅野川上流域の小盆地内に立地する古墳群および古墳の調査報告で

ある。見田大沢古墳群は5基より
なるものであり木棺直葬を主体と
する。一辺14～17mの方墳4基
と全長26mの一隅突出型前方後
方墳よりなる。纒向1～4式期と
いう古墳時代初頭の位置を占める
古墳群である。また，近隣に位置
する古市場胎谷古墳は一辺11.5
mの方墳である。

◆的場池古墳群―当麻町埋蔵文化
財調査報告第1集　当麻町教育委
員会刊　1982年3月　B5判
138頁

奈良県の西部当麻町に位置する
9基よりなる古墳群の報告であ
る。木棺直葬を主体とする5世紀
後半～6世紀前半の古墳の墳丘裾
に2基の横穴式石室が位置する。

◆高野山発掘調査報告書―考古学
研究室調査報告第3冊　元興寺文
化財研究所刊　1982年3月　A
4判　207頁

弘法大師空海が入唐修業から帰
朝後に弘仁7（816）年に修行入定
の地として建立した高野山の発掘
調査報告である。従前，納骨信仰
の場として知られていた奥之院灯
籠堂周辺地，宝性院跡地，大治2
（1127）年に白河上皇の御願によ
り建立された東塔跡，および大門
などが調査され多数の遺物を出土
している。論考篇として日野西真
正「高野山の納骨信仰」，西山要
一「出土陶磁器からみた高野山納
骨と生活雑器」，水野正好「屋敷
地取作法と地鎮の考古学」，阿部
泰郎「中世高野山縁起の研究」を
載せる。

◆野間窯跡群―岡垣バイパス関係
埋蔵文化財調査報告第1集　福岡
県教育委員会刊　1982年3月
B5判　110頁

福岡県の北部遠賀川下流域西岸
の響灘に面する岡垣町に位置する
3基よりなる須恵器窯跡群の報告
である。ともに地下式の登窯であ
り残存長は3～10mを測る。蓋杯
を中心に高杯・甕などを焼いてお
り6世紀後半より7世紀初頭の操
業年代を示す。いわゆる「赤焼土
器」についての論考を載せる。

◆妻の鼻墳墓群―本渡市文化財調

査報告第1集　本渡市教育委員会
刊　1982年3月　B5判　114頁

熊本県の天草下島，本渡市の南
の郊外に位置する36基よりなる
現在最大の密集度を示す地下式板
石積石室墓群の報告である。長方
形平面を呈するものであるが，長
辺が伸展葬可能な規模を示すもの
は2割に満たない。副葬品は鉄器
を主体として若干の装身具・土器
がある。5世紀代後半より6世紀
代前半の年代が考えられている。

◆九州縦貫自動車道関係埋蔵文化
財調査報告XII―鹿児島県埋蔵文
化財発掘調査報告書第21集　鹿
児島県教育委員会刊　1982年3
月　B5判　219頁

鹿児島県北西部の姶良郡栗野町
に位置する木坂A，A―2，B，
堀ノ内遺跡の調査報告で，旧石器
より古墳時代までの内容である。

◆研究紀要　7　千葉県文化財セ
ンター　1982年3月　B5判
248頁

千葉県における製鉄遺跡の研究
　　　………鈴木定明・相原邦彦
　　　　　　西川博孝・山口直樹
いわゆる「柄鏡形住居址」につい
　て………………………郷田良一
古代東国のカマド………谷　　旬
◆考古学雑誌　第68巻第2号
日本考古学会　1982年9月　B
5判　152頁
大陸系磨製石器類の消滅とその鉄
　器化をめぐって………松井和幸
石匙の使用痕分析―仙台市三神峯
　遺跡出土資料を使って―
　　　　　　…………梶原　洋
エジプト，アルフスタート遺跡の
　発掘調査（第4次）
　　　………桜井清彦・川床睦夫
埼玉県馬場（小室山）遺跡出土の
　土偶装飾土器
　　　　　　………高山清司・小倉均
◆貿易陶磁研究　第2号　日本貿
易陶磁研究会　1982年8月　B
5判　141頁
貿易陶磁研究の多面性…三上次男
中国輸出用陶磁研究の概要
　　　　　　………………李　錫経
越窯と銅官窯磁器の発展と輸出
　　　　　　………………李　知宴

珠光青磁（櫛目画花文青磁）につ
　いての研究浅説
　　　　　　………李錫経・李知宴
竜泉青磁の発展と輸出…李　知宴
徳化窯と中国古代南方の窯場
　　　　　　………………李　知宴
14～16世紀の白磁の分類と編年
　　　　　　………………森田　勉
14～16世紀の青磁碗の分類につ
　いて………………………上田秀夫
15～16世紀の染付碗・皿の分類
　と年代……………………小野正敏
根来寺出土の染付について
　　　　　　………………上田秀夫
堺出土の輸入陶磁器……鈴木重治
マレーシア・インドネシアの貿易
　陶磁調査の概要………鈴木重治
パサリカン遺跡出土の貿易陶磁
　　　　　　………………三上次男
Tenmoku Ware : A Case of Ce-
　ramic Analysis Applied to the
　Study of Sarawak's Link with
　China in the Historical Period
　　　　　　………Zuraina Majid
◆青山史学　第7号　青山学院大
学文学部史学科研究室　1982年
7月　B5判　113頁
沖縄・西表島与那良遺跡発掘調査
　概報…………与那良遺跡調査団
◆東京大学文学部考古学研究室紀
要　第1号　東京大学文学部考古
学研究室　1982年8月　B5判
268頁
レヴァントの細石器……藤本　強
ホアロク文化とそのベトナム先史
　時代における位置づけ
　　　　　　………………大林太良
中期旧石器時代の剝片剝離技法
　　　　　　………………安斎正人
隆起線文土器瞥見………大塚達朗
極東先史土器の一考察…小川静夫
オホーツク文化の骨斧・骨箆・骨
　鍬…………………………山浦　清
新大陸の鏡………………狩野千秋
人間の道具使用技術系の発生につ
　いて………………………上野佳也
バンチェン文化の古さ…今村啓爾
ミュケナイ文化拡大期の土器の編
　年に関する一考察……土居通正
◆史学　第52巻第2号　三田史
学会　1982年9月　A5判　173頁
休閑地のなかの二つの時間―レン

101

ネル島における農耕活動―
　　　　　………近森　正
滑石製祭祀用具再論……小川英雄
縄文波状縁土器の文様配置について
　　　　　………鈴木公雄
考古学の世界における相関について
　　　　　………赤沢威・小宮孟
岩手県九年橋遺跡出土のアスファルト附着遺物について
　　　　　………藤村東男
先土器時代の微細遺物―特に小石片検出の意義について―
　　　　　………阿部祥人
「再葬墓」と「周溝墓」の接点―南関東地方を中心に―
　　　　　………山岸良二
造り出し付き円墳について
　　　　　………遊佐和敏
擦文文化の終焉………高杉博章
南武蔵の横穴墓―その地域的特性について―………松本　健
亀ヶ岡文化における内面渦状土（石）製品とその分布…稲田裕介
関東地方における岩版・土版の文様………稲野彰子

◆先史　第22号　駒沢大学考古学研究会　1982年3月　B5判　257頁
東京・石川天野遺跡第4次調査
　　　　　………倉田芳郎編

◆古代文化　第34巻第7号　古代学協会　1982年7月　B5判　52頁
特殊円筒棺の諸問題―京都府与謝郡谷垣遺跡をめぐって―
　　　　　………田中彩太

◆古代文化　第34巻第8号　1982年8月　B5判　52頁
貯貝器考（上）………梶山　勝

◆古代文化　第34巻第9号　1982年9月　B5判　50頁
韓国考古学の歩み―石器時代研究を中心として―………任　孝宰
玉依比賣命神社の児玉石神事
　　　　　………桐原健
高安城の発掘………棚橋利光

◆古代学研究　第97号　古代学研究会　1982年5月　B5判　44頁
秦置相邦・丞相考―秦における相邦と丞相の設置について―
　　　　　………韓養民・森博達 訳

東六甲の高地性集落（中）
　　　　　………森岡秀人
磨製石剣論争私見………角林文雄
中河内の古墳の石棺材…奥田　尚
越前・福井市篠尾の新瑠古墳
　　　　　………斎藤　優
石原亀甲・徳王両遺跡の小形仿製鏡の鈕孔内にあった紐の材質について………布目順郎
徳島県三好町出土の鏡片について
　　　　　………河野雄次
"岡益の石堂"の刻印…岡田保造
黄金塚古墳出土の円体方孔銭についての考察………富木繁司
陵墓の現状と問題点……田中英夫

◆考古学研究　第29巻第1号　考古学研究会　1982年6月　A5判　130頁
遠賀川系文化成立の構想
　　　　　………紅村　弘
古代釉の起源と鉄釉……吉村睦志
縄文文化の源を求めて（続）
　　　　　………中村嘉男
北白川下層式土器の再検討
　　　　　………増子康真
竜文から直弧文へ……名本二六雄
古代尺のいわゆる周尺について
　　　　　………村上英之助
ハリメジャン遺跡群の発掘
　　　　　………古山　学

◆古文化談叢　第9集　九州古文化研究会　1982年4月　B5判　175頁
楚式鏡の類型と時期区分
　　　　　………雷従雲・梶山勝 訳
集安発見の青銅短剣墓
　　　　　………張雪岩・近藤喬一 訳
遼寧地方の青銅器文化（下）
　　　　　………李康承・甲元真之 訳
完州上林里出土中国式銅剣に関して　………全栄来・後藤直 訳
日・韓地域出土の同笵小銅鏡
　　　　　………小田富士雄
日本発見の細形銅剣関係遺跡・遺物についての考察
　　　　　…ソンスンタク・千田剛道 訳
香川県鎌田共済会郷土博物館の銅剣・銅戈………渡部明夫
埋納銅矛論………武末純一
山口県沖ノ山発見の漢代銅銭内蔵土器………小田富士雄

◆古文化談叢　第10集　1982年

4月　B5判　254頁
縄文土器文化時代の宗教的遺構・遺物と朝鮮半島における同時代の宗教的遺構と遺物について
　　　　　………江坂輝彌
大分県駅館川東岸部における弥生時代中期の埋葬遺跡…小倉正五
佐賀県鳥栖市フケ遺跡出土の祭祀遺構………石橋新次
筒形器台について………藤瀬禎博
弥生時代北部九州の墳墓祭祀
　　　　　………小田富士雄
島根県における発生期古墳墓祭祀
　　　　　………蓮岡法暲・川原和人
百済・新羅の冠帽・冠飾に関する二三の問題
　　　　　………秦弘燮・新谷武夫 訳
新羅馬刻文土器と伽耶鎧馬武人像土器………李殷昌・亀田修一 訳
防長古墳文化論考………桑原邦彦
愛媛県における横穴式石室の概要
　　　　　………正岡睦夫

◆肥後考古　第2号　肥後考古学会　1982年9月　B5判　150頁
肥後考古学史（1）……乙益重隆
唐梵字銘碑考………坂口雅柳
圭頭斧箭式鉄鏃再考……高木恭二
石障系古墳の一考察……河野法子
熊本県球磨・人吉地方の先土器時代資料について
　　　　　………木崎康弘・松舟博満
阿蘇郡・波野村の先史遺跡
　　　　　………平岡勝昭
竹崎式土器の有脚底部について
　　　　　…三島格・田辺哲夫・島津義昭
阿蘇町狩尾13地点採集の縄文土器について………清田純一
菊陽町梅ノ木遺跡採集の彩文有孔土器………野田拓治・光沢徳行
益城町秋永遺跡出土の容器形土偶について………緒方　勉
天草における横穴式石室の一例
　　　　　………池田栄史
荒尾野原9号墳出土須恵器について………勢田広行
寺尾遺跡出土の青銅製帯金具
　　　　　………高谷和生
八代焼初期の作品………浜地富美
清原石人遺跡に於ける石製品発見の記録………高木誠治
巨大古墳と八島………安達武敏

学界動向

「季刊 考古学」編集部編

――――沖縄・九州地方

ピンザアブ洞穴の第1次調査 長谷川善和横浜国大教授,浜田隆士東大教授を中心に沖縄県教育委員会の発掘調査が行なわれた宮古島上野村ピンザアブ洞穴で人の歯や古生物の化石が出土した。人の上顎小臼歯と門歯各1本とノロジカ,ヤマネコ,ケナガネズミ,ハタネズミ,イノシシなどの化石で,人工遺物は発見されなかった。人骨は昭和54年に頭頂骨や後頭骨破片3点,乳歯1本が出土しているが,時期的に港川人と同時代(1万8千年～2万年前)くらいと考えられ,また人骨も港川人によく似ている。さらに発見された歯は普通のものより大きく,しかも摩滅していることと,琉球列島でははじめてのハタネズミの化石が発見されるなど注目すべきことが多い。

沖永良部島で新形式の土器 沖縄と奄美本島の中間に位置する沖永良部島のスセン當貝塚(鹿児島県大島郡知名町)で鹿児島大学考古学研究室による発掘調査が行なわれ,5世紀代の新形式の土器が発見された。土器は破片だけで完形はないが,底部は本土の成川式,口縁部は奄美地方の兼久式の突帯文の影響をうけ,双方の特色を併せもっており,発見地名から「スセン當式土器」と命名された。その他に石器や骨器も出土,とくに夜光貝を原材とした貝匙,貝斧,貝製装飾品が目立った。同調査は上村俊雄鹿児島大学助教授が中心となって進めている「南西諸島の先史時代における考古学的基礎研究」の一環として行なわれたもので,昭和56年から科研費による総合的な研究が続けられている。そのほか,爪形文土器が出土した中甫洞穴(河口貞徳鹿児島県考古学会長調査)や嘉徳式と伊波式土器が同一層から出土した神野遺跡(高宮廣衛沖縄国際大学教授調査)の発掘も行なわれた。

弥生中期の群集墓 鹿児島県伊佐郡菱刈町田中のほ場整備事業が進められている前畑遺跡で,鹿児島県教育委員会による発掘調査が進められ,弥生時代中期の竪穴住居跡とともに石室墓や土壙墓などからなる群集墓が発見された。墓は24×12mの範囲内に23基分布しているが,他に2,3基が破壊されたものと考えられる。土壙墓には箱式石棺墓,石蓋土壙墓,二重土壙墓,箱式木棺墓など異なった埋葬形態の墓が混在する遺跡であり,県内では初めてのことである。副葬品は乏しいが,土器片や鉄矛?と思われるものが発見された。その他,周辺からは山ノ口式土器,免田式土器などが発見された。

船石遺跡から蛇行剣 佐賀県教育委員会と三養基郡上峰村教育委員会は上峰村船石の天満宮境内にある長さ約5.5m,最大幅約3m,厚さ約1mの巨石「船石」の調査を行なっていたが,船石そばの通称鼻血石の下部から古墳時代中期の竪穴系横口式石室が発見され,その中から鉄剣が出土した。鉄剣は長さ71.5cm,刀身は56.5cmで,7回緩やかな曲線を描いている。刀身が七曲りの剣は栃木県桑57号墳に出土例があるだけで,七支刀に似た儀器として用いられたらしい。中央の「船石」は3個の大石で支えられており,下部には弥生時代の袋状貯蔵穴に似た形態の穴(深さ約3m)があり,表土部分から鎌倉時代の土器片多数と約1.3m下から弥生時代中期の土器片若干と鉄製カマが出ただけだった。しかし,「船石」そばの通称「亀石」は弥生時代中期の甕棺を埋置する支石墓と断定され,さらに「船石」周辺の20数基の中期甕棺墓の埋置状況をみると,明らかに「船石」を意識しており,これらの甕棺墓群の標式的な支石墓である可能性が強まっている。

弥生中期前半の鐸型土製品 佐賀県神埼郡千代田町詫田西分の詫田(たくた)遺跡で,千代田町教育委員会による発掘調査が行なわれ,井戸か土器捨て場と思われるピット状遺構から朝鮮式小銅鐸を模造したとみられる鐸型土製品が発見された。破片は完成品を縦に割った片側で,高さ6cm,幅2cm,厚さ1cm。鈕や型持たせ穴を有し,弥生時代中期前半のものとみられる。同類の土製品は近畿地方を中心に弥生中期中葉から現われるが,今回のものは最古の部類に属する。さらに同じ遺構から長さ18cmの水鳥の木製品や他の地点から卜骨など,呪術的な色彩の強い遺物が発見された。

琴柱形石製品は髪飾り 福岡県教育委員会と粕屋郡古賀町教育委員会が緊急調査を進めている古賀町久保の花見遺跡で,前期の円墳3基を発掘したところ,2号墳(径16m)に納められた長さ3.45mの割竹形木棺の中から琴柱形石製品2点が発見された。高さ2.6cm,幅3.8cmの滑石製で,埋葬者の頭部右側に勾玉や管玉と一緒にまとまった形で出土したことから髪飾りとして使用されたことは間違いないとみられる。ただ玉類が左右1対となっているのに対して琴柱形石製品は右側だけに限られていた。そのほか,1号墳からは鉄剣と青銅製腕輪,3号墳から四獣鏡などが出土している。また古墳の周囲および下層には約150カ所の食糧貯蔵穴があり,それを囲むように弥生時代中期初頭の住居跡が並んでいる。

大宰府政庁に広場 九州歴史資料館が発掘調査を進めている太宰府市不丁地区の大宰府政庁跡前面域から,広場の整地のための水抜き,湿気とりに使ったとみられる大規模な暗渠が発見された。暗渠

103

学界動向

は幅60cm前後のもので，やや蛇行しているものの政庁中軸線とほぼ平行して南北に35m以上走っている。またこの広場を中心に，その東西で掘立柱建物が発見されているところから，これまで方4町とされてきた府庁域がはるかに大規模となり，大幅な修正が必要となってきた。また国衙は普通広場を伴わないが大宰帥には広場と関連した職務があったことがうかがえる。暗渠が築かれたのは須恵器坏からみて7世紀末から8世紀初頭と考えられ，大宰府政庁の第2期開始直前に築かれたとみられる。

朝鮮無文土器が出土 福岡市教育委員会が緊急調査を進めている福岡市早良区有田の七田前(なたまえ)遺跡で，縄文時代晩期末の夜臼ⅡA式土器を出土する層から朝鮮無文土器が2点出土した。土器は広口壺形と浅鉢形で，とくに広口壺は1個体の2/3にあたる土器片があり，高さ11.7cm，最大胴径9.9cm。磨製石鏃，石剣，石庖丁，各種石斧など無文土器文化系の石器がセットで伴出した。この土器は韓国忠清南道の松菊里遺跡で近年発見された松菊里式土器で，口縁がゆるく外側にそり返った特徴は板付Ⅰ式土器に共通しており，この松菊里式土器を伴った文化が弥生文化の成立に強い影響を与えたことが想定される。

―――――四国地方

6世紀初頭の前方後円墳 愛媛県埋蔵文化財調査センターは四国縦貫自動車道建設区間の遺跡調査を進めているが，先ごろ伊予三島市下柏町の経ヶ岡古墳が6世紀初頭の前方後円墳であることがわかった。同古墳は全長約30mで，北を向く両袖式の横穴式石室(全長7.6m)内に人骨の残存する箱式石棺が安置されていた。副葬品は金銅冠の破片十数点，須恵器の広口壺や高坏など38点，直刀片2組，剣1，鉾1，鉄鏃15，刀子2，杏葉5，鏡板4，辻金具，帯金具，耳環2対で，金銅冠はかつて経ヶ岡古墳の北東500mにある東宮山古墳(陵墓参考地)からも出土しているが，今回冠の内側の額のあたる部分に張ってあったらしい布片(約5×1cm)が一緒に出土しており注目される。なお，昭和57年には経ヶ岡と東宮山古墳の中間にある四ツ手山古墳から甲冑，金張りの馬具，武具類，動物埴輪などが発見されている。

弥生前期初頭の集落と水田址
高知県教育委員会が昭和54年2月から発掘調査を進めている南国市田村遺跡群で，弥生時代前期初頭の竪穴住居址，掘立柱建物跡と水田址がセットで発見された。板付ⅡA式土器に並行する東松木式土器を伴う遺構であり，住居址は直径10mと大きく，掘立柱建物は柱間はほぼ1mをはかり6間×3間，4間×2間，5間×3間，4間×3間の4棟である。また水田はこれより西方およそ50mの後背湿地の緩傾斜を利用しており，土盛り畦畔で4m²～30m²と小規模で184筆確認されている。ともに南四国における弥生時代前期初頭の様相や，ことに稲作開始の時期とその伝播径路を解明する上で貴重な発見である。なおこの水田面から多数の弥生人の足跡も発見された。

―――――中国地方

弥生中期の大規模環濠集落 倉吉市教育委員会が発掘調査を進めていた市内上米積の後中尾遺跡で弥生時代中期の大規模な環濠集落跡が発見された。同遺跡は倉吉市の市街地から6kmの，高城山から東方へのびた舌状台地上に営まれている。台地の東西で南北に区画するV字形濠(深さ1m，上辺幅1m)約90mを発見，環濠集落であることがわかった。台地上には弥生時代中期から古墳時代にかけての竪穴式住居址117基がみつかり，約500年間集落が存在したとみられる。出土遺物は弥生土器・土師器をはじめ，石庖丁・石鏃・分銅形土製品・ミニチュア土器・ガラス小玉などであった。山陰地方で環濠を伴う集落の全容が明らかになったのは初めて。

―――――近畿地方

「福原京」の発掘 神戸市中央区楠町7，神戸大学医学部付属病院の敷地内で昭和56年秋から続けられていた発掘調査で，約1,000m²の調査地域から230基に達する柱穴群がみつかった。柱穴は直径15～20cmほどのものが大半を占めるが，この中に80～90cm，深さ100cmにも達する巨大な柱掘方が西北の地点で検出され，平安時代末期に平清盛以下平氏一門が安徳帝を奉じて造営した福原京に関した建物である可能性が強い。わずか半年で捨てられた福原京の位置については『山槐記』などの文献から復原され，楠町から兵庫区荒田町，雪御所町，福原町にかけての一帯に広がっていたことが推定されているが，今回初めて考古学的な裏付けがえられた。調査区域の幅が狭いことから建物の復原は困難だが，瓦の出土がないことから檜皮葺などの屋根をもった高級貴族の寝殿造りの邸宅跡ではないかと推定される。また南側に同じ時期の溝が検出されているので，屋敷の端と考えられている。遺物は土師器，須恵器，灯明皿など3,000点余りが出土しており，12世紀後半の時期が考えられている。

御旅所古墳から家形石棺 大阪府南河内郡千早赤阪村教育委員会は大阪文化財センターの協力をえて同村水分6の建水分(たけみくまり)神社境内にある御旅所古墳

を発掘調査していたが，6世紀末～7世紀前半の横穴式石室から大小の石棺2基をほぼ完形のまま発掘した。同古墳は直径28mほどの円墳で，左片袖式の石室は全長9.7m，幅2.4m。石棺はいずれも組合式の家形石棺で，1基は長さ2.4m，幅1.4m。追葬されたとみられる小型石棺は長さ1.7m，幅0.85mで，ともに二上山の凝灰岩製。蓋は各々2枚あったが，それぞれに縄掛突起がついており，大きい方は蓋1枚に3カ所ずつ対称的に，小さい方は1枚に2カ所，1枚に4カ所と不統一だった。また小型石棺はあり合わせの石材でにわか拵えの感じだった。石室内には須恵器高坏3点，広口壺・器台各2点，甑2点，脚付長頸壺1点，土師器壺・高坏各1点がみつかったが，棺内からは何も発見されなかった。

縄文早期の土偶 大阪府東大阪市文化財協会が発掘を進めていた東大阪市東石切町神並（こうなみ）遺跡で縄文時代早期前半の土偶2体が発見された。1体は3.0×3.0cm，厚さ1.5cmで，両乳房と胴部のくびれが強調され，頭部・手足は簡略化されている。時期は日本最古といわれる茨城県花輪台遺跡出土例とほぼ同じで，西日本からこうした古い土偶が発見されたことは注目される。周辺からはネガティブな楕円文や山形押型文の施文が特徴的な神宮寺式土器が多数出土したが，復元は10点ほどが可能で，これまで出土数が少なく小破片ばかりだった同式土器の解明に大きく寄与するものと考えられる。また石器類では有舌尖頭器2点，石鏃多数が出土した。

檜隈寺は特異な伽藍配置 奈良県高市郡明日香村檜前の檜隈寺跡（於美阿志神社境内）で塔跡西側の土壇を発掘調査していた奈良国立文化財研究所飛鳥・藤原宮跡発掘調査部は，この土壇が門の基壇であることを確認した。土壇は西塔あるいは回廊跡と推定されていたが，礎石位置・柱間寸法から梁行3間・桁行3間の礎石建物（南北棟）であることが明らかになった。7世紀後半に建立されたとされる檜隈寺はこれまでの調査で塔・金堂・講堂と回廊の一部がみつかっているが，今回確認された門を考え合わせた結果，西側に門がとりつき，正面に塔，左右に講堂と金堂が向き合うという極めて特異な伽藍配置となった。こうした伽藍配置となった要因には，檜隈寺の立地する丘陵が南北に細長い馬背状の台地であったことが考えられる。

前方後方形の周溝墓 滋賀県野洲郡野洲町富波の宅地造成用地で野洲町教育委員会による発掘調査が行なわれ，弥生時代後期末の前方後方形周溝墓がみつかった。この遺構は全長約42mで，後方部は22×20.7m，前方部幅が18mで，くびれ部は約9m。周囲に幅約4.4～7mの堀をめぐらせており，マウンドは平安時代末期頃削りとられたらしく真平らになっている。堀跡埋土と異なる上方の二次堆積土中から円筒埴輪片数点，堀跡内下層部から弥生時代後期の壺・甕の破片数十点が出土し，また前方部先端に長さ約13.4m，幅2.4mと長さ10.9m，幅1.35mの長大な土壙が検出され，中から多量の高坏・壺・甕が出土した。

――――――――――中部地方

白山古墳群に弥生の墳墓 愛知県丹羽郡大口町下小口字仁所野にある町指定史跡・白山古墳群はその半数が弥生時代中・後期の墓であることが大口町教育委員会の調査でわかった。白山古墳群は7基の古墳が存在すると考えられてきたが，一帯に野外活動施設が造られることになったため，2・3・4号墳を対象に調査を行なったところ，4号墳東南の溝内から弥生時代後期欠山式期の無頸脚付壺形土器，高坏，器台，広縁パレス式土器など約30点がみつかり，3・4号墳は方形周溝墓，2号墳は方形台状墓であることがわかった。土器は底部に直径1cmほどの穴があいたり，全面に塗丹した土器もあり，祭祀用土器と推定される。

人面墨書土器・絵皿32点出土 岡崎市内を流れる矢作川の川底で発見された矢作川河床遺跡で，岡崎市教育委員会が組織した矢作川河床遺跡調査会による調査が行なわれ，縄文時代から室町時代にわたる土器類など約3,000点の遺物と井戸跡4基を発見した。中でも注目されるのは32点も出土した人面墨書土器・絵皿で，時期は奈良・平安時代のほか鎌倉・室町時代の碗・皿が23点含まれていた。また般若心経や人名などを書いた墨書土器178点と陶硯，古瓦，瓦塔などもあり，官衙か寺院があった可能性が強いとみられている。

縄文後期の土面 縄文時代の巨大な木柱根が発見された石川県鳳至郡能都町の真脇遺跡（本誌2号既報）で縄文時代後期初頭気屋式期の土製仮面が出土した。仮面は右半分と口から下が欠けており，長さ13.4cm，厚さ1cm。眼孔と口があき，耳の近くに紐通しの穴がある。また顔面には入墨か魔除けの化粧と思われる文様が施されている。そのほか土偶5点，ヒスイ製管玉1点，編物の網代，人骨などが出土，人骨は金沢医科大学で鑑定された結果，男性の頭骨1個と歯のついた上下顎骨が3～4人分あることがわかった。

奈良前期の郡衙跡 国道袋井バイパス建設に伴い，袋井市教育委員会が発掘調査を進めている袋井市国本の坂尻遺跡で奈良時代前期とみられる掘立柱跡や須恵器，墨書土器約300点，鉈帯金具の鉸具

学界動向

1，丸鞆3，巡方2，和同開珎3点，「松」の印字のある銅印，分銅1点などが発見され，これまで奈良時代後期の遺跡とみられていた同郡衙跡は律令国家成立後間もなく設置された可能性もでてきた。同遺跡は国道1号線を南北から挟むように位置している。56,57年の調査で奈良時代の掘立柱跡20数基，竪穴住居跡5軒，古墳時代の祭祀場と推定される竪穴住居跡1軒が発見されている。

先土器時代の土壙 静岡県磐田郡豊田町の広野遺跡では現地に小学校が建設されることから，豊田町教育委員会が発掘調査を進めていたが，先土器時代の土壙18基が発見された。土壙は発掘対象とされる約13,000m²のほぼ中央に，東西約10mの間隔をおいて並んでおり，長径約1.3mの長円形で，深さは約1.2m前後あったらしい。内部からの出土品がないため，土壙の目的は不明だが，調査者は貯蔵穴の可能性を考えている。同遺跡からはナイフ形石器や剥片が8,000点ほどみつかっている。

前方後方形周溝墓を確認 長野市篠ノ井塩崎で長野市教育委員会が進めていた塩崎遺跡の発掘調査で，県下で初めての前方後方形周溝墓が発見された。時期は4世紀末から5世紀初めと考えられ，全長約20m。そのほか，弥生時代から平安時代の住居跡計10ヵ所と，弥生時代の方形・円形周溝墓5基を検出，鉄製釧3点と鉄剣・鉄鏃が周溝内や溝に沿って配置された土壙墓内から人骨とともにみつかった。釧はいずれも内径6cmほどで，幅1cm弱の鉄の帯を曲げて作ったもので，5～6点重なって出土したものもあった。

――――――関東地方

称名寺庭園苑池を発掘 国の史跡に指定されている横浜市金沢区金沢町の称名寺境内の庭園苑池はこれまで泥に埋もれていたが，横浜市教育委員会の発掘調査で苑池参道部分の中島と，反橋・平橋の橋脚などが発掘された。反橋の橋脚8本と平橋の橋脚2本から推定して橋の大きさは両橋とも長さ14.54m，幅2.87mと考えられる。これらの遺構は残存状態が非常によく，かつ元亨3年(1323)に描かれた「称名寺絵図並結界記」に一致しており，きわめて重要な価値をもつ。称名寺は鎌倉時代に北条実時によって創建された真言律宗の寺院で，30数棟の壮大な伽藍を有していたが，鎌倉幕府滅亡後荒廃し，金堂，仁王門，鐘楼だけが江戸時代に再建され，現在に遺存している。

「天平元」年の木簡出土 栃木県教育委員会は栃木市田村町の下野国府跡を発掘調査しているが，先ごろ政庁跡から西70mのゴミ捨て場跡より「天平元」と年号の銘記された木簡を発見した。木簡は長さ17.6cm，幅1.2cmで両端が欠けている。文字は，（表）「徳徳徳　天平元□□」（裏）「□生　丈丈丈　丈阝濱足足足」とある。習書木簡ではあるが，天平元年(729)の年号は関東以北では最古のもの。下野国府はすでにこの時期にかなり整備された形で機能していたことがわかった。一方，さきにこの木簡の近くで発見された題箋は長さ6.2cm，幅2.8cmで，（表）「□師寺　月料」（裏）「□□文」と判読され，下野国の管理下にあった薬師寺と国府の財政的な関係を裏付ける資料として注目される。

礎石を有する平安期の住居跡 関越自動車道の建設に伴って(財)群馬県埋蔵文化財調査事業団が発掘調査を進めている利根郡昭和村糸井の糸井宮前遺跡で平安時代の礎石を伴う一般民家跡が発見された。同遺跡は赤城山北面のすそ野を西流しながら浸食して形成された河岸段丘上に位置するもので，多量の土器を伴って有尾式期に比定される住居跡18軒以上，諸磯式期のもの58軒以上を含む縄文時代前期の住居跡95軒，石田川期を中心とする古墳時代前期の住居跡35軒，鬼高期の住居跡8軒，平安時代の住居跡28軒などが発見された。この平安時代の竪穴住居跡の1軒に柱を支える礎石4点（うち3点の礎石の下には柱穴がある）がみつかったもの。

――――――東北地方

6世紀のお花山古墳群 東北横断自動車道酒田線の建設に伴って山形県教育委員会が発掘調査を進めていた山形市青野のお花山古墳群（20基）で，1号墳（円墳）から捩文鏡と玉類がセットで出土し，6世紀の古墳であることがわかった。主体部は長さ4.5m，幅2mの木棺直葬墓とみられる。また捩文鏡は直径9.45cmで，勾玉や管玉，丸玉などの玉類は530点を数えた。なお本年4月から6月にかけて第2次調査が予定されている。

柳之御所跡を発掘 岩手県西磐井郡平泉町教育委員会は藤原清衡，基衡の居館と伝えられる柳之御所跡を確認する目的で昭和57年から3年計画の発掘調査を進めているが，第2次調査で直径14～15cmの柱穴が16基確認され，一辺7.2m（1間4面）の平安時代の堂跡と推定された。また白磁片や，水路跡とみられる溝の底からは直径1.5～2cmの穴を穿けた土師質皿が6点発見された。祭祀的な意味あいをもつ土器と推定される。なお第1次調査で調査された地域からは建物跡，井戸跡，食器・灯明皿などがみつかり，生活の場と考えられる。

――――――北海道地方

擦文期の米粒 北海道大学埋蔵

文化財調査室が北大構内の恵迪寮西側のシャクシコトニ川流域の新寮遺跡で進めてきた発掘調査で擦文時代の炭化した米粒2点と漢字を刻んだらしい土師器片が発見された。米粒は竪穴住居跡のそばの表土下約50cmの焼土中からソバ、豆などの粒と一緒に発見された。米粒にはモミ殻がついていないが、青森県垂柳遺跡でみつかった同時期のものと比べてややズングリ型。黒曜石を使った年代測定で1,060±100年前の値がでた。さらに同時にみつかった土師器片は本州と同種のもので、表面に「夫」と刻まれていた。これで予想以上に本州との交易が盛んだったことがうかがわれた。同時に幅13mの「魚止め」構造も発見された。

オホーツク文化の木製品 目梨郡羅臼町教育委員会が発掘を進めている羅臼町松法の松法川北岸遺跡でオホーツク文化期の木製品が30数点出土した。遺跡は海岸に近い砂地に分布しており、15軒の竪穴住居跡のうち2軒から木製品が火災にあった状態で発見された。木製品は木を剖り抜いた長さ15cmの舟の模型と長さ5cmの櫂1本、注ぎ口にクマの顔が彫刻された舟型容器（長さ60cm）、白樺の皮でつくられた直径25cmのバケツ状容器、30cm角の角盆、椀、匙などで、すべて炭化状態にあるが、ほぼ原形を保っている。アイヌ文化はオホーツク文化の形態を受けつぐ木器が出土しているだけに両文化のかかわりを探る貴重な資料である。

――――――学会・研究会

日本文化財科学会が発足 昭和51年度に開始された文部省科学研究費特定研究「古文化財」が昭和57年度をもって期間満了したことから、同特定研究総括班ではこの方面の研究を振興するための将来計画を検討していたが、新たに学会を設立することになり、昭和57年12月18日、東京・後楽園会館において「日本文化財科学会」の設立総会が開催された（代表・渡辺直経帝京大学教授）。同会は文化財に関する自然科学と人文科学両分野にわたる学際的研究を行なうことを目的としている。なお事務所は当分の間、帝京大学の渡辺研究室におかれることになった。

山形考古学会第21回研究大会
12月12日（日）山形県立博物館において開催された。須藤隆東北大学助教授による講演「東北地方の初期弥生文化」のあと、次の研究発表が行なわれた。
米沢市田沢地区周辺出土のハンド・アックス形石器について
　………加藤稔・菊地政信
福島県天神原墓跡に見る弥生葬制………………馬目順一
山形県における土師器の編年について………………川崎利夫
城輪柵遺跡第29次調査の中間報告………………小野忍
大蔵村清水城本丸跡第一次調査の概要………………長沢正機

神奈川考古同人会シンポジウム
1月30日（日）県政総合センターにおいて「奈良・平安時代土器の諸問題―相模国と周辺地域の様相」のテーマで開催された。
Ⅰ　窯址出土須恵器の編年と背景
　南武蔵の窯址………服部敬史
　北武蔵の窯址
　　………高橋一夫・宮昌之
Ⅱ　集落址出土土器の編年と背景
　相模地域………………國平健三
　南武蔵地域
　　奈良時代の多摩川流域
　　………福田健司
　　平安時代の多摩川流域
　　………西脇俊郎
　奈良・平安時代の鶴見川流域
　　………河野喜映
　甲斐地域………坂本美夫

　末木健・堀内真
　東駿河地域………瀬川裕市郎
　　　　　　平林将信・志村博
Ⅲ　各地域での土器から観た史的背景（ディスカッション）
　　◇　　　　◇
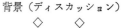梅原末治氏　肺炎のため、2月19日、京都・洛陽病院で逝去された。89歳。京都大学名誉教授、文学博士。明治26年大阪府生まれ。同志社普通部卒業後、京都大学文学部の研究室に出入りして内藤湖南、富岡謙蔵、浜田耕作らに師事し、史学・考古学を学んだ。大正3年、創設間もない考古学教室の助手になり、昭和14年同教室の二代目教授。31年に定年退官するまで考古学講座を担当した。38年、文化功労者に選ばれ、英国王立人類学会、アメリカ東洋学会の名誉会員でもあった。専門は古墳と青銅器で、朝鮮半島の遺跡研究の第一人者であった。著書に『佐味田及新山古墳研究』岩波書店、1921、『鑑鏡の研究』大岡山書店、1925、『銅鐸の研究』大岡山書店、1927、『近畿地方古墳墓の調査』1～3、1935・37・38、『朝鮮古文化綜鑑』1・2、共編、養徳社、1947・48などがある。

金関丈夫氏　2月27日、心筋梗塞のため天理よろず相談所病院で逝去された。86歳。帝塚山大学名誉教授、医学博士。明治30年香川県生まれ。京都大学医学部卒。台北帝大、九大、鳥取大、山口大の各医学部教授および帝塚山大教授を歴任。人類学、解剖学、考古学、民族・民俗学、文学、歴史学と幅広い分野で活躍、日本文化の中の南方的要素に注目した。山口県土井ヶ浜遺跡出土弥生人骨の調査は有名。主著に「弥生時代人」日本の考古学Ⅲ、1965、「人種論」新版考古学講座、10、1971、『木馬と石牛』角川書店、1976、『日本民族の起源』法政大学出版局、1976などがある。

107

■第4号予告■

特集・日本旧石器時代の生活と技術

1983年7月25日発売
総108頁　1,500円

日本旧石器時代の技術……………加藤　晋平	縦型のナイフ形石器……………安蒜　政雄
後期更新世の自然環境	横剝ぎのナイフ形石器……………松藤　和人
植物相……………………辻　誠一郎	黒曜石の使用痕研究……………岡崎　里美
動物相……………………長谷川善和	石器のかたちとはたらき
自然地形…………………杉原　重夫	台形石器……………………小畑　弘己
研究の動向	尖頭器………………………大竹　憲昭
前期旧石器時代研究の動向……岡村　道雄	細石器（九州）………………橘　昌信
アジアの前期旧石器研究の動向	細石器（本州）………………鈴木　次郎
松本美江子	細石器（北海道）……………木村　英明
旧石器人のイエとムラ	＜講座＞古墳時代史Ⅳ……………石野　博信
住居とピット………………鈴木　忠司	考古学と周辺科学Ⅳ……平本　嘉助
ユニットの構造……………橋本　正	＜調査報告＞前田耕地遺跡／山田寺跡
石器の製作技術と使用痕	＜書評＞〈論文展望〉〈文献〉〈学界動向〉

編集室より

◆早いもので、第3号を発刊する時期となった。考古関係の新聞記事が、連日のように賑わいをみせているのに驚かされている。いまにも古代史が書き変えられるような感じがするのは、話題性を追う新聞の性格からだろうか。しかし、一方では学問の方法が複雑となり、体系化が困難なことの実感があることも否めない。学際的協力がますます必要になっていることも肌で感じられる。

本号は古墳築造の技術に焦点をあててみた。いま築造すれば何十億円もの費用を要するといわれるこの事業はなかなか高度な技術を要したようである。（芳賀）

◆古墳時代を対象とした雑誌特集というと、年代論や分布・形態論が盛んであるが、今回は古代における土木工事の中でもすばらしくエネルギッシュな構造物ともいうべき古墳が、一体どのようにして造られたかに焦点をあててみた。「古墳築造」の問題にのみ的を絞った特集は恐らく初めての試みと思われるが、立地の条件から労働人員に至るまで、想像以上に多くの問題を含んでいる。あらゆる最先端の技術が墓＝古墳に集中したというのはこの時代をおいて他にない。実に特異な時代であった。（宮島）

本号の編集協力者——大塚初重（明治大学教授）
1926年東京都生まれ、明治大学卒業。「弥生時代の考古学」「虎塚壁画古墳」「稲荷山古墳と埼玉古墳群」「考古学ゼミナール」「古墳辞典」などの編・著がある。

■ 本号の表紙 ■

群馬県高崎市の観音山古墳は、墳丘長約100m、二重の周堀をもつ前方後円墳である。1980年に墳丘・石室・周堀の保存整備が完成し公開している。

墳丘は2段築成で後円径56m、高さ9.6m、前方部幅59m、高さ9.4m、墳丘には円筒のほか人物・動物・器材などの埴輪がめぐっている。後円部には西南方に開口する全長12.5mの角閃石安山岩を用いた横穴式石室がある。

石室内から百済・武寧王陵出土の鏡と同范の獣帯鏡をはじめ、銅製水瓶・多量の武器・武具・馬具が出土した。西暦600年頃の毛野最有力首長の墳墓である。1982年1月大塚撮影。　　　　　　　（大塚初重）

▶本誌直接購読のご案内◀

『季刊考古学』は一般書店の店頭で販売しております。なるべくお近くの書店で予約購読なさることをおすすめしますが、とくに手に入りにくいときには当社へ直接お申し込み下さい。その場合、1年分6,000円（4冊、送料は当社負担）を郵便振替（東京3-1685）または現金書留にて、住所、氏名および『季刊考古学』第何号より第何号までと明記の上当社営業部までご送金下さい。

季刊 考古学　第3号　　1983年5月1日発行
ARCHAEOLOGY QUARTERLY　　定価 1,500円

編集人　芳賀章内
発行人　長坂一雄
印刷所　新日本印刷株式会社
発行所　雄山閣出版株式会社
　〒102　東京都千代田区富士見2-6-9
　電話　03-262-3231　振替　東京3-1685

◆本誌記事の無断転載は固くおことわりします
ISBN 4-639-00245-9　printed in Japan

季刊 考古学　オンデマンド版　第3号	1983年5月1日　初版発行
ARCHAEOROGY QUARTERLY	2018年6月10日　オンデマンド版発行

定価（本体 2,400 円 + 税）

編集人　芳賀章内
発行人　宮田哲男
印刷所　石川特殊特急製本株式会社
発行所　株式会社　雄山閣　http://www.yuzankaku.co.jp
　　　　〒102-0071　東京都千代田区富士見2-6-9
　　　　電話 03-3262-3231　FAX 03-3262-6938　振替 00130-5-1685

◆本誌記事の無断転載は固くおことわりします　　ISBN 978-4-639-13003-1　Printed in Japan

初期バックナンバー、待望の復刻!!

季刊 考古学 OD　創刊号〜第50号〈第一期〉

全50冊セット定価（本体120,000円＋税）　セットISBN：978-4-639-10532-9

各巻分売可　各巻定価（本体2,400円＋税）

号　数	刊行年	特集名	編　者	ISBN（978-4-639-）
創刊号	1982年10月	縄文人は何を食べたか	渡辺 誠	13001-7
第2号	1983年1月	神々と仏を考古学する	坂詰 秀一	13002-4
第3号	1983年4月	古墳の謎を解剖する	大塚 初重	13003-1
第4号	1983年7月	日本旧石器人の生活と技術	加藤 晋平	13004-8
第5号	1983年10月	装身の考古学	町田 章・春成秀爾	13005-5
第6号	1984年1月	邪馬台国を考古学する	西谷 正	13006-2
第7号	1984年4月	縄文人のムラとくらし	林 謙作	13007-9
第8号	1984年7月	古代日本の鉄を科学する	佐々木 稔	13008-6
第9号	1984年10月	墳墓の形態とその思想	坂詰 秀一	13009-3
第10号	1985年1月	古墳の編年を総括する	石野 博信	13010-9
第11号	1985年4月	動物の骨が語る世界	金子 浩昌	13011-6
第12号	1985年7月	縄文時代のものと文化の交流	戸沢 充則	13012-3
第13号	1985年10月	江戸時代を掘る	加藤 晋平・古泉 弘	13013-0
第14号	1986年1月	弥生人は何を食べたか	甲元 真之	13014-7
第15号	1986年4月	日本海をめぐる環境と考古学	安田 喜憲	13015-4
第16号	1986年7月	古墳時代の社会と変革	岩崎 卓也	13016-1
第17号	1986年10月	縄文土器の編年	小林 達雄	13017-8
第18号	1987年1月	考古学と出土文字	坂詰 秀一	13018-5
第19号	1987年4月	弥生土器は語る	工楽 善通	13019-2
第20号	1987年7月	埴輪をめぐる古墳社会	水野 正好	13020-8
第21号	1987年10月	縄文文化の地域性	林 謙作	13021-5
第22号	1988年1月	古代の都城―飛鳥から平安京まで	町田 章	13022-2
第23号	1988年4月	縄文と弥生を比較する	乙益 重隆	13023-9
第24号	1988年7月	土器からよむ古墳社会	中村 浩・望月幹夫	13024-6
第25号	1988年10月	縄文・弥生の漁撈文化	渡辺 誠	13025-3
第26号	1989年1月	戦国考古学のイメージ	坂詰 秀一	13026-0
第27号	1989年4月	青銅器と弥生社会	西谷 正	13027-7
第28号	1989年7月	古墳には何が副葬されたか	泉森 皎	13028-4
第29号	1989年10月	旧石器時代の東アジアと日本	加藤 晋平	13029-1
第30号	1990年1月	縄文土偶の世界	小林 達雄	13030-7
第31号	1990年4月	環濠集落とクニのおこり	原口 正三	13031-4
第32号	1990年7月	古代の住居―縄文から古墳へ	宮本 長二郎・工楽 善通	13032-1
第33号	1990年10月	古墳時代の日本と中国・朝鮮	岩崎 卓也・中山 清隆	13033-8
第34号	1991年1月	古代仏教の考古学	坂詰 秀一・森 郁夫	13034-5
第35号	1991年4月	石器と人類の歴史	戸沢 充則	13035-2
第36号	1991年7月	古代の豪族居館	小笠原 好彦・阿部 義平	13036-9
第37号	1991年10月	稲作農耕と弥生文化	工楽 善通	13037-6
第38号	1992年1月	アジアのなかの縄文文化	西谷 正・木村 幾多郎	13038-3
第39号	1992年4月	中世を考古学する	坂詰 秀一	13039-0
第40号	1992年7月	古墳の形の謎を解く	石野 博信	13040-6
第41号	1992年10月	貝塚が語る縄文文化	岡村 道雄	13041-3
第42号	1993年1月	須恵器の編年とその時代	中村 浩	13042-0
第43号	1993年4月	鏡の語る古代史	高倉 洋彰・車崎 正彦	13043-7
第44号	1993年7月	縄文時代の家と集落	小林 達雄	13044-4
第45号	1993年10月	横穴式石室の世界	河上 邦彦	13045-1
第46号	1994年1月	古代の道と考古学	木下 良・坂詰 秀一	13046-8
第47号	1994年4月	先史時代の木工文化	工楽 善通・黒崎 直	13047-5
第48号	1994年7月	縄文社会と土器	小林 達雄	13048-2
第49号	1994年10月	平安京跡発掘	江谷 寛・坂詰 秀一	13049-9
第50号	1995年1月	縄文時代の新展開	渡辺 誠	13050-5

※「季刊 考古学 OD」は初版を底本とし、広告頁のみを除いてその他は原本そのままに復刻しております。初版との内容の差違はございません。

「季刊 考古学　OD」は全国の一般書店にて販売しております。なるべくお近くの書店でご注文なさることをおすすめしますが、とくに手に入りにくいときには当社へ直接お申込みください。